マンションの「老い」

弁護士
吉田修平
YOSHIDA SHUHEI

一般社団法人**金融財政事情研究会**

はじめに

　若い夫婦が新築のマンションを購入した。やがて子供も生まれて若い夫婦は幸せな家庭生活を送り、子供は結婚して外に家を持つことになり、夫婦はさらに住み続けていたが、数十年が経過すると夫婦が歳を取るだけではなく、マンションも老朽化してきてしまいエレベーターや玄関や廊下などに傷みや不具合も目立つようになってきた。

　また、購入当時は若年の入居者が多かったマンションも、いつの間にか高齢者ばかりが目立つようになり、中には配偶者をなくして単身となっている人も多く見受けられるだけでなく、高齢者施設や老人ホームに転居し居室は賃貸に出しているようなケースも多くなってきている。

　マンション管理組合の理事等のなり手が不足する状態がしばらく前から続いており、将来の大修繕や建替えの問題を考えると年金生活になっている入居者等にとっては悩みが尽きない。

　このような問題に、現在、多くのマンションの所有者が直面していると思われる。

　マンションは、建物も老朽化し（建物の老い）、人も高齢化し（人の老い）、さらには、管理等に関するルールも時代や環境に合わなくなってくるのである（ルールの老い）。

　本書は、これらのマンションが抱える三つの老いの問題について、マンションを規制する法律関係の複雑さを念頭に置いて、その原因の分析や解決方法を整理し検討するものである。

第1章において、このようなマンションの三つの老いの発生について分析し検討を加え、第2章において、マンション標準管理規約の2016年の改正の内容を踏まえて、これら三つの老いに対応するマンション標準管理規約の改正部分を検討している。さらに第3章において、現在議論されている区分所有法の改正案について検討を加えている。

　本書の刊行に当たり、金融財政事情研究会の田島正一郎氏には企画の段階から多くの助言等を頂き、平野正樹氏には校正の段階で大変お世話になった。

　また、吉田修平法律事務所の鈴木崇裕弁護士、遠矢悟史弁護士には、業務多忙の中にもかかわらず、資料の収集や原稿の誤字・脱字のチェックなどの多くの協力を頂いた。

　この場を借りて心からの感謝と御礼を申し上げる。

　2024年11月

吉田　修平

マンションの三つの老い

1.『建物の老い』
〈建物や設備等の老朽化〉
・大規模修繕等の発生
・将来の建替えへの備え
・そのための費用の発生
・マンションの建替え・取壊しへの対処

2.『人の老い』
〈マンションの所有者や住人たちの高齢化〉
・非就業化による収入減→管理費や税金の滞納
・病院への入院や老人ホームへの入所による非居住化→賃貸化
・死亡による相続の発生→遺品整理問題の発生
・理事の高齢化→なり手不足・意欲や能力の減退→発生した問題への対応力の不足→将来の建替・修繕計画の不成立など

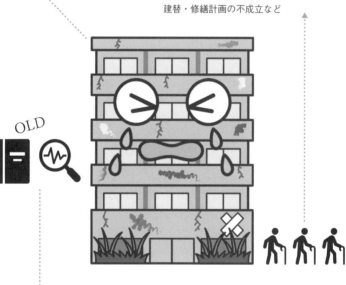

3.『管理等のルールの老い』
〈古い管理規約や法律〉
・古い管理規約→現状とのミスマッチ
・新しく制定される法律への対応

(出典) 筆者作成

● 目　次

第1章　マンションの「老い」がもたらす問題

1　マンションの三つの「老い」 2
〈コラム〉　マンションのルールはなぜわかりにくいのか 4
2　建物の「老い」がもたらす問題 5
〈コラム〉　マンションの建替え等に関する三つのルール 8
3　人の「老い」がもたらす問題 9
〈コラム〉　相続財産清算人 11
〈コラム〉　遺　　言 13
〈コラム〉　遺産分割手続 14
〈コラム〉　相続登記の義務化 16
4　ルールの「老い」がもたらす問題 21

第2章　マンション標準管理規約の改正

1　マンション標準管理規約の改正の意義と経緯 24
2　マンション標準管理規約の2016年の改正の概要 25
3　建物の老いに対応するルールの改正 26
4　人の老いに対応するルールの改正 29
5　ルールの老いに対応するルールの改正 38
〈コラム〉　特定継承人の責任 45
6　その後の改正 53

第3章　区分所有法の改正案

1　はじめに：マンションをめぐる幾つもの法律 58
〈コラム〉　再建特別措置法の概要 61
〈コラム〉　マンション建替え円滑化法の概要 63
2　区分所有建物の管理の円滑化 66

CONTENTS

3 区分所有建物の再生の円滑化を図る方策 ……………………… 77
〈コラム〉 建替え決議があった場合の売渡し請求 ……………… 80

参考文献 ……………………………………………………………………………… 94

【資料1】関連条文
①：民法（抜粋）………………………………………………………………… 95
②：区分所有法（抜粋）……………………………………………………… 96
③：再建特別措置法（抜粋）…………………………………………… 105
④：マンション建替え円滑化法（抜粋）………………………… 110
⑤：民事執行法（抜粋）…………………………………………………… 114
⑥：高齢者、障害者等の移動等の円滑化の促進に関する法律（抜粋）
……………………………………………………………………………………… 115
【資料2】残置物の処理等に関するモデル契約条項 ……………… 117
【資料3】マンション標準管理規約（令和6年6月7日改正（抜粋版）） ……… 137

vii

第 1 章

マンションの「老い」がもたらす問題

1 マンションの三つの「老い」

(1) 建物の「老い」

　新築のマンションを購入したとしても、その後数十年も経てばマンションは古くなり、建物全体（躯体や外構等）及びエレベーター等の設備が老朽化してくることになる。

　その結果、通常の修繕だけではなく、大規模な修繕の必要も生じてくるであろうし、耐震性が足りない場合には、その補強が必要になることもある。さらに、将来の建替えへの備えも必要になってくるのである。

　そして、それらの大規模修繕の費用や、将来の建替えのための費用の捻出が大きな問題になってくるだけではなく、どのような大規模修繕を行うのか、どのようにして建替えを行っていくのかなどの詳細についての検討も必要になってくる。

(2) 人の「老い」

　入居後数十年も経てば、建物の老朽化とともに、入居者も高齢化し、世帯主が会社の定年を迎え年金生活に入るなど収入が大幅に減少してくる。体力も落ちる結果としてマンションの管理等に対する意欲や能力も大幅に低下することから、管理費等の未納の問題も生じてくることになる。

　さらに、病院や高齢者施設への入院・入居や、子供たちとの同居などが始まることにより、マンションの居室が空き家と

なったり賃貸に出したりするなど、非居住化も進んでくること
になる。

　そして、高齢化の先には死亡という事実が待ち受けている。

　人は生まれた以上は必ず死ぬことになるのであるが、マンションにおいても入居者の死亡という事態は避けられないものとなり、相続人がいないなどの深刻な問題が生じてくる可能性がある。

　また、管理組合の理事等も高齢化してしまうことにより意欲や能力が減退するだけでなく、最終的には理事のなり手不足という問題が発生する。理事の高齢化等により日々発生してくる問題に対処する能力も落ちてくるであろうし、何よりも将来の大規模修繕や建替え計画等の立案ができなくなってしまうことは大いに考えられるところである。

　具体的には、誰がどのような計画を立案し、もし費用がかかるのであれば、その費用は誰がどのように負担し、また出来上がった計画について誰が協議を行い、その内容を理事会や総会に提案していくのか、等々の詳細についても検討することが必要になってくるのである。

⑶　ルールの「老い」

　マンションの管理は、管理規約に従って行われるものであるが、入居後数十年も経つと、管理規約を更新していない場合には、古い管理規約というルールが、現実に対応できない事態になっていることも考えられる。

　また、マンションに関する法律が改正される場合には、それ

への対応をしていかなければならない。現に、法制審議会から区分所有法の改正案も提示されているので、改正法への対応も考えなければならない。

コラム

マンションのルールはなぜわかりにくいのか

「マンションのルールはわかりにくい。」という言葉をよく聞くが、その理由として、マンション（区分所有建物）に対する法律の規制が複雑になっていることが挙げられる。

すなわち、「区分所有法」及び「再建特別措置法（被災区分所有建物の再建等に関する特別措置法）」が法務省の所管であるのに対し、「マンション標準管理規約」「マンション建替え円滑化法（マンションの建替え等の円滑化に関する法律）」及び「マンション管理適正化法（マンションの管理の適正化の推進に関する法律）」が国土交通省（旧建設省）の所管であるというように、二つの省庁により法制度が策定されているために、マンションについての法制度が二元的となっており、そのために用語も異なり、内容も複雑化しわかりにくくなっているのである。

その結果、①マンションの所有者（区分所有者）全員の会合のことを、区分所有法では「集会」と呼び（区分所有法34条）、マンション標準管理規約では「総会」と呼ぶ（マンション標準管理規約42条）。

②また、マンションの管理を常時行うべきものとして、区分所有法では「管理者」を置くと定め（区分所有法25条）、マンション標準管理規約では、管理組合を代表して業務を行うものとして「理事長」を置くとする（マンション標準管理規約35条、38条）。

③さらに、「理事」についても、区分所有法では、管理組合

第1章 ｜ マンションの「老い」がもたらす問題

法人を設立した場合に置かれるものとしているが（区分所有法49条）、マンション標準管理規約では、管理組合に理事を置くものとし（マンション標準管理規約35条、40条）、理事が置かれるのは管理組合について法人を成立させた場合には限られない。

④「管理費」や「修繕積立金」という言葉もよく聞くが、これらはマンション標準管理規約に規定されているのであり（マンション標準管理規約25条）、区分所有法にはこのような用語は使われていない。

2 建物の「老い」がもたらす問題

(1) マンションの構造

マンションという建物が老いるとは、要するに、建物が老朽化するということであるが、マンションの場合には、他の一戸建てと違う特殊な問題が存在する。それがマンションの構造の問題である。

マンションという共同住宅は一戸建てと異なり、専有部分と共用部分から構成されている。

専有部分とは住居部分等の区分所有権の対象になる部分のことであり、「構造上の独立性（壁、天井、床、扉等によって他の部分から遮断されていること）」と「利用上の独立性（独立した出入口があって、直接外部に通じていること）」を備えているものである（区分所有法1条、2条）。

共用部分とは、①専有部分以外の建物の部分や、②専有部分

5

に属しない建物の附属物等をいう。①は、廊下、階段室、建物の玄関及びエレベーター室等の構造上区分所有者の全員又はその一部の共用に供される建物の部分である。②の専有部分に属しない建物の附属物とは、建物に附属し、建物と一体的に利用される建物の附属物であって、専有部分に属しないものである。例えばエレベーター、電気配線、ガス・上下水道の配管、消防設備等である。そして共用部分は、区分所有者全員の共有になる（区分所有法11条1項）。

　マンションという建物が老いるということは、専有部分と共用部分のいずれもが老朽化するということになるのであるが、専有部分の老朽化については各区分所有者が対応することになるので、余りここで論ずることはない。

　これに対し、共用部分（全員の共有部分）の老朽化については、以下に述べるような問題が発生してくるのである。

⑵　管理費の増加

　共用部分としての建物の設備には、給水設備、排水設備、電気設備、ガス設備、換気設備、消防設備、及びエレベーター設備等がある。

　これらの諸設備が老朽化することにより、日常生活に不便を生じることになるため、それらを点検し、保全し、必要に応じて修理するための費用（管理費）が増加してくることは明らかである。

　管理費の負担は、標準管理規約によれば、区分所有者の義務であり、区分所有者は管理費を管理組合に納入しなければなら

ないこととされている（マンション標準管理規約25条）。

⑶　修繕積立金の増加

　修繕積立金とは、計画修繕等で必要となる費用であり、区分所有者は管理組合に納入しなければならないこととされている（マンション標準管理規約25条）。

　建物が老朽化してくれば、エレベーター等も老朽化してくるので、将来のエレベーターの交換等の大規模修繕等のために修繕費用を積み立てなければならなくなるが、その金額が管理規約作成当時のものより大きくなることは容易に推測される。特に最近は、この修繕積立金の不足等が老朽化したマンションでは大きな問題となっていることはよく知られているところである。

⑷　建物全体の建替え、取壊し及び売却問題の発生

　建物が老朽化してくれば、将来の建替えが視野に入ってくることになる。また、建替えをするには、その前に建物の取壊しをすることになり、その費用もかかることになる。したがって、マンションを所有している区分所有者たちにとっては、その費用の捻出が大きな課題となってくるのである。

　そして、もし、その費用の負担に耐えられないと考えた場合には、マンションを売却することも考えなければならない。

　マンションの建替えや売却については、民法のほか区分所有法及びマンション建替え円滑化法等があり複雑な規制となっているので、発生してくる問題と、それに対応する法律等をきち

んと整理して対応することが必要になってくる。

> **コラム**
>
> ## マンションの建替え等に関する三つのルール
>
> マンションを建て替えるとは、まず既存のマンション（旧建物）を取り壊し、その上で新しい建物（新建物）を、同じ敷地に建築することである。
>
> 原則である民法のルールに従えば、どうなるのであろうか。マンションは共有物である（外構や玄関やエレベーター等は共用部分であり、区分所有者全員の共有に属する）ので、民法の共有物に関するルールに従うことになる。
>
> そして、共有建物を取り壊して新たな建物を建てるということは、共有物の変更になるので、共有者全員の同意が必要となる（民法251条1項）。すなわち、区分所有者全員の意思の一致の下に行わなければならない。なお、共有している建物及び敷地の売却についても、全ての共有者の共有持分という所有権の売却になるので、全員の同意がなければならないことは、共有物の変更の場合と同様である。
>
> これに対して、特別法による例外が定められている。その第一は、例外の1として図に挙げている区分所有法である。区分所有法においては、区分所有者及び議決権の5分の4以上の多数の決議（建替え決議）で建物の建替えを行うことができることになっている（区分所有法62条）。なお、区分所有法の改正案については後述する。
>
> 次に、マンション建替え円滑化法がある。この法律は、元々は上記の建替え決議の後の具体的な手続を定めている法律であるが、2014年（平成26年）の改正により、耐震診断の結果耐震性に問題があるとされたマンションについては、マンションの建替えを容易に行えるようにした特別法である。図における例外の2ということになる。

第1章 │ マンションの「老い」がもたらす問題

	マンション建替え円滑法 建替え決議後に マンション建替え組合（法人）を 設立し、権利変換手続を経て 建替えができる	⇒耐震性不足の認定を受けた マンションについては区分 所有者、議決権及び敷地の 利用権の持分の価格の各5 分の4以上の多数の決議に より建物と敷地を売却できる
（例外2）		

	区分所有法 5分の4以上の同意により マンションを建替えできる	⇒敷地の売却についての 特別な規定はない
（例外1）		

	民　法 全員の同意によりマンションを建替えできる 全員の同意によりマンションの敷地を売却できる	⇒全員の同意があれば 敷地を売却できる
（原則）		

　マンションの売却については、民法の原則に従う限り、区分所有者全員の同意がなければ行うことができない。

　現在の区分所有法には、マンション（建物や敷地）の売却についての特別規定は存しない（ただし、改正案には存在する。第3章参照）。

　一方で、マンション建替え円滑化法では、特別の要件を備えた場合には、全員の同意がなくともマンションの敷地等の売却ができることとされている（民法の原則に対する例外）。

3　人の「老い」がもたらす問題

(1)　高齢化による問題の発生

　若い時にマンションを購入した区分所有者も、その後、長い年月が経過することにより定年となり勤務先を退職することになる。その後は年金生活を送ることになるため、収入も大きく減少することになってしまう。

　また、高齢化に伴い体力も落ちてくるし、様々なことに取り

組む意欲も大きく低下することが考えられる。マンションを管理していくことについての関心も低くなり、体力や意欲の減退や低下とあいまって、マンション管理組合の理事になろうと思わない人も増加してくるのである。

　高齢化することにより、配偶者が死亡することも多くなってくるであろうし、区分所有者自身も病気になったり、日常生活に支障を来すことも多くなったりすることが予想される。その結果として、病院への入院や、高齢者施設への入居等が増えてくることになり、自ら居住するのではなく、マンションの居室を賃貸に出すことも多く行われることになるのである。

　このように、区分所有者が老いることにより収入が減少してしまい、管理費や修繕積立金の負担が難しくなるとともに、マンションの将来の建替え費用等の捻出も非常に困難になってくる。

　そればかりでなく、区分所有者はマンション管理組合の構成員でもあるところ、その理事のなり手不足という問題も発生してくる。

　さらに、居室を賃貸に出すことにより、現にそこに居住している借家人は、マンションの保全等については所有者と比べて関心は低くなるであろうし、後述するように、借家人がいることによりマンションの建替えは難しくなってくる側面も存するのである。

　また、居室を賃貸に出す場合には、借家人が反社会的勢力であった場合はどうなるのかという問題も発生してくる。

⑵　死亡により発生する新たな問題

　高齢化が進めば、その先にあるのは、区分所有者の死亡という問題である。人が死ぬと、その人（被相続人）の全ての権利と義務が相続人に包括的に承継されることになる（民法896条）。

　相続人が存在しない場合には、例外として「相続財産清算人」が選任され、清算人による遺産の管理と処分（清算）が行われることになる（民法952条）。

コラム

相続財産清算人

　相続人がいない場合や、相続人がいるかいないか不明な場合には、旧法では「相続財産管理人」が選任されることとされていたが、2021年の相続法の改正により、清算も行うものであるため相続財産の「清算人」と名前が変更された（民法936条１項、952条）。

　これに対し、従来の「相続財産管理人」は、相続人の所在等は判明しているが、相続財産を放置するなどして相続人が管理の意欲を失っていて、相続財産が荒廃している場合等に、相続財産を保存するための制度とされた（民法897条の２）

　一人暮らしの区分所有者が死亡し連絡先等も不明な場合には、管理組合は、まず相続人の調査をしなければならない。相続人の調査は、亡くなった被相続人が生まれてから死ぬまでの全ての戸籍を取り寄せることから始める。

　例えば、被相続人が、福岡で生まれ、大学卒業後は大阪に移

り、その後上京したが、当初は八王子に住み、その後都心に移り、新宿のマンションで死亡した場合を考えてみよう。その人が移転した場所ごとに戸籍も移していた場合には、マンション所在地である新宿の戸籍から始めて、八王子、大阪、福岡と全ての戸籍を取り寄せる必要がある。その調査には、かなりの時間と労力と、それなりの費用がかかることになる[※]。

※　なお、2024年4月1日から相続登記の申請が義務化されたが、それに伴い3月1日からは「戸籍の広域交付制度」が始まり、戸籍を請求できる者が最寄りの市町村の窓口に出頭すれば、本籍地が全国各地にあっても、全ての戸籍をまとめて取得することができるようになったのである。ただし、この戸籍の広域交付制度で請求できる戸籍は、請求者本人とその配偶者、請求者本人の直系尊属（父母や祖父母）及び直系卑属（子や孫）のものに限られている（郵送や代理人による請求は不可）。

　そして、相続人がいない場合には（子、配偶者、直系尊属及び兄弟姉妹等が存在しないで死亡した場合）、前述の相続財産清算人の申立てを管理組合が行うことになる。

　相続人が一人であった場合には単独で、複数であった場合には共同して、被相続人の有していた権利と負担していた義務を全て包括的に相続することになる。マンションの管理費や修繕積立金や固定資産税の未払いがあった場合には、それらの債務も含まれることになる。

　権利と義務の承継の仕方については、遺言があった場合となかった場合とで異なる処理がなされることになる。

　遺言があった場合には、それに従って権利の移転等が処理されることになる。例えば、マンションの居室や動産及び預貯金等を、特定の相続人や相続人ではないがイトコ等に取得させる

ことになるのである。

しかし、義務については、遺言書の記載に従うのではなく、共同相続人がいた場合には、その法定相続分に従って債務も分割されて承継されることになる。

遺言がなかった場合には、共同相続人間で遺産分割をすることにより権利の帰属を決めることになる。

債務については、共同相続人間で遺産分割協議をすることにより、そのうちの誰か一人が債務を負担したり、又は負担の割合を多くしたりすることも可能であるが、債権者には対抗できない（法定相続分で負担することになる）。

遺産分割は、原則として協議によることになるが、協議が成立しない場合などは、家庭裁判所で遺産分割の調停や審判手続を経ることになる。つまり、かなり長い時間や労力やコストがかかることになるのである。

遺言又は遺産分割によりマンションの居室を取得する者は、被相続人名義の登記を自己の名義に変更しなければならない。

コラム

遺 言

　遺言にはいろいろな種類があるが、通常よく用いられるのは公正証書遺言と自筆証書遺言である。公正証書遺言は、公証役場において公証人に作成してもらう遺言であり、原本は公証役場に保管されているので改ざんされたり紛失したりする恐れがないものである。これに対して、自筆証書遺言は、遺言書の全文を自ら手書きしなければならず、日付と氏名の自書と押印が

必要になる。

　遺言書に添付する遺産目録も、従来は手書きが必要であったが、2018年の相続法の改正により、目録については登記簿謄本のコピーやパソコンで作成された書面でもよいこととされた（ただし、目録の1枚ごとに署名押印が必要である）。さらに、自筆証書遺言は紛失や改ざんの恐れがあったところ、法務局で保管される制度も創設されたので今後の活用が期待されている。

コラム

遺産分割手続

　遺産分割手続は、原則として協議によるので、相続人が複数いる場合には全員で話合いをし、その話合いの結果として決まった内容に従って権利を取得し義務を負担していくことになる（ただし、債務については、共同相続人間で負担を決めることは可能であるが、それを債権者には対抗できないので注意を要する）。

　共同相続人間の遺産分割が成立しない場合には、家庭裁判所に申立てをして遺産分割手続を進めていくことになる。

　実務においては、まず調停手続を経ることとされている。

　家庭裁判所においては、調停手続が申し立てられると、担当裁判官のほか調停委員が2名ついて遺産分割手続が進められる。東京家庭裁判所では、2名の調停委員の1名は弁護士、他の1名は有識者が担当することが多い。

　遺産分割手続の調停が成立すれば、そこで調停調書が作成され、その調書の内容に従って権利の移転等が行われることになるが、債務等の負担を定めても債権者に対抗できないことは、他の場合と同様である。

　そして、遺産分割の調停が成立しない場合には、さらに審判

第1章 | マンションの「老い」がもたらす問題

相続の流れ

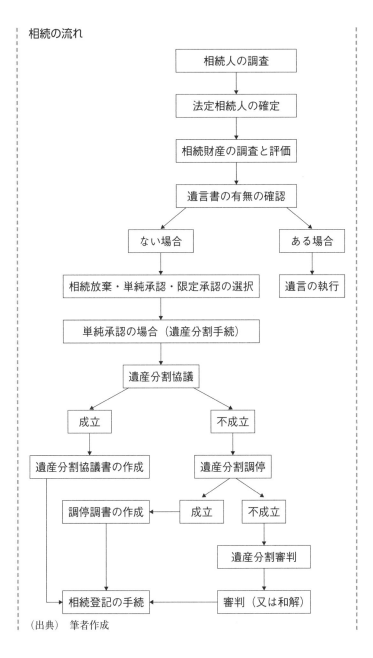

(出典) 筆者作成

手続に進み、審判官（裁判官）による審判が行われ、その内容に従って権利等の移転が行われることになるのである。

> **コラム**
>
> ## 相続登記の義務化
>
> 従来は、相続をしても相続登記をすることは義務ではなかったが、2021年の所有者不明土地関連法の改正により、不動産登記法も改正され、相続登記をすることが義務化された。
>
> すなわち、自己のために相続が開始したこと及びそれにより所有権を取得したことを知った者は、その日から3年以内に所有権の移転の登記を申請しなければ10万円以下の過料に処せられることになったので、注意しなければならない（改正された不動産登記法は、2024年の4月から施行されている）。

⑶　マンション特有の問題の発生

区分所有者が居住していたマンションで死亡した場合に、相続人が法律に従って相続し、区分所有建物だけではなく残された動産類（遺品）も取得し、また管理費や修繕積立金等の未納や固定資産税の未納等の債務も弁済するなどした場合には、何も問題が発生しない。

ところが、最近、マンションに一人で居住していた者が亡くなったが、相続人が明らかではなく、そのために長期間マンションの居室が放置される問題が発生している。いわゆる「遺品整理問題」と呼ばれるケースであり、放置されたマンションの一室は「遺品部屋」などと呼ばれることもあるように、社会

第1章 ｜ マンションの「老い」がもたらす問題

問題化しつつあるのが現状である。

このように、孤独死をした区分所有者が居住していたマンションの部屋が相続人にきちんと相続されることなく、そのまま放置されていると、どのような問題が発生するのであろうか。

まず、管理費や修繕積立金等が支払われないまま時間が経過するため、それらの未納債務がどんどん積み上がっていくことになり、固定資産税等の未払いも続いていくことになる。

また、後述するように、改正されたマンション標準管理規約の中で、未納管理費等の回収のために管理組合が取れる手段として、最終的には残されたマンションの居室を競売にかけることも想定されるのであるが、遺品が残されたままでは競売にかけることもできないという問題が発生するのである。

なぜならば、遺品という動産類は孤独死をした区分所有者の相続人に相続されているはずなので、第三者である管理組合は勝手に処分できないことになるからである。

そこで管理組合としては、まず孤独死をした区分所有者の相続人の調査をすることになるが、前述したように、この調査にはかなりの時間と労力とそれなりの費用がかかることになる。

そして、相続人が見つかれば良いが、見つからない場合には前述した相続財産清算人の申立てを行わなければならないことになる。

相続人が見つかったとしても、例えば遠方に居住していたり、高齢であったりすれば、遺品の整理を行う体力や意欲がないかもしれない。また残されたマンションや遺品等に経済的価

17

値が少なく魅力がないときには、相続人が相続を放棄する可能性もある。

全ての相続人が相続放棄（民法938条）をしてしまえば、相続人がいないことになるので、やはり相続財産清算人の選任が必要になってくるのである。

相続財産清算人の選任の申立ては、家庭裁判所に対して行うことになるのであるが、清算人に就任するべき弁護士等の報酬のために予納金を裁判所に納付する必要が生じてくる。

予納金の金額はかなりの高額となり、その負担はマンション居住者全員が、後日、マンション管理費の増額等の名目により分担することになる。

⑷　マンションの居室を賃貸していた場合の問題

Ａ（賃貸人）が、建物をＢ（賃借人）に賃貸していたが、Ｂが死亡した場合に建物賃貸借や建物内にあった動産（残置物＝Ｂの遺品）はどうなるのか。

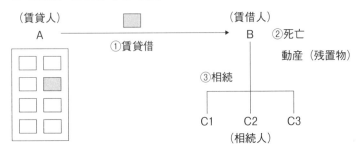

ア　民法の原則による処理

Ｂの死亡により、Ｂの権利と義務は全て相続人（Ｃ１〜Ｃ３）に相続されるが（民法896条）、相続人が複数いる場合には

（共同相続）、残置物等の相続財産は共同相続人であるＣ１〜Ｃ３に共有されることになる（民法898条）。

共有物等の変更や処分は、共有者の全員の同意がなければすることはできない（民法251条等）。

賃貸借関係も、Ｂの死亡により相続されＣ１〜Ｃ３が共同賃借人となる。

そして、賃貸借契約が合意解除や債務不履行解除により終了した場合は、賃借人Ｂは建物を原状に復して賃貸人Ａに返還しなければならないが（原状回復義務。民法621条）、Ｂの死亡により原状回復義務も相続人（Ｃ１〜Ｃ３）に相続されるので、Ｃらは残置物を建物から撤去した上でＡに明け渡さなければならない。

他方、Ｂの遺品である残置物はＣらの共有財産になるので、Ａが勝手に処分することはできない。

また、賃貸借契約書には「賃借人が賃貸借契約終了後も動産類を撤去して明け渡さないときは、賃借人は動産類の所有権を放棄したものとして賃貸人が任意に処分でき、賃借人は異議を述べない」旨の規定を定めることもよくあるが、賃借人死亡のケースでは、そもそも賃貸借契約がまだ終了していないのである。

そこで賃貸人は、まず、死亡したＢとの間の賃貸借契約を解除しなければならないことになるが、賃借人のＢは、死亡した後、賃料を支払っていないので債務不履行となり、Ａはそれを理由として解除をすることになる（民法541条）。

そして「解除」は相手方に対する意思表示によってすること

になるが（民法540条）、この場合の相手方とはＢの相続人であるＣ１〜Ｃ３になる。

　以上より、賃貸人はまず、相続人の存否、存在する場合にはその氏名や住所等の調査をしなければならないことになるが、それにかかる時間、費用、労力の負担は大変大きなものになる。

　次に、賃貸人は相続人が判明した場合に、相続人との交渉をする必要が生じ、相続人が不存在又は不明な場合には、「相続財産清算人」の選任による処理をしなければならなくなるので、賃貸人には、さらに時間、費用、労力の負担が大きくかかることになる。

イ　残置物処理モデル契約条項による処理

　建物の賃貸借全般について、残置物の処理等に関する「モデル契約条項」が策定（国土交通省2021年10月）されており、賃借人が賃貸建物に入居する際に別に締結するべき委任契約書等のモデルが示されている（「モデル契約条項」は、【資料２】に記載のとおりである）。

　具体的には、賃貸借契約の解除と残置物の処理（残置物の廃棄、指定先への送付等）方法について、①賃貸借契約を終了させるための代理権を受任者（例えばイトコ等の親戚や知人等）に授与し（解除関係事務委任契約）、②残置物の廃棄等の事務を受託者（例えばイトコ等の親戚や知人等）に委託する準委任契約（残置物関係事務委託契約）を締結する[※]。

※　なお、①の契約について、賃貸人は賃借人（の相続人）と利害が
　　対立することもあり得るので、賃貸人を受任者とすることは避ける

べきとされているので注意を要する。

賃貸借契約を締結しても、これらの契約が締結されていない場合は、賃借人の死後に①賃貸借契約を終了させることも、②残置物を処分することもできないことになってしまう。

したがって、その場合は、原則に戻り、相続人を調査し、相続人が不存在の場合や不明の場合は「相続財産清算人」の選任による対応をするしかない。

なお、終身借家権の場合は賃借人の死亡により賃貸借契約は終了するので、上記①の賃貸借契約の終了についてはカバーされるが、上記②の残置物の処理の問題が残されることになる。

また、そもそも終身借家契約はほとんど利用されておらず、通常の建物賃貸借は普通借家契約か定期借家契約であるため、上記①と②の問題の解決が必要になってくるのである。

4　ルールの「老い」がもたらす問題

時間の経過とともに世の中はどんどん変化していき、コロナや戦争等の新しい事態が出現してくると、それに応じてルールも見直していかなければならなくなる。

マンションに関する大きなルールとしては、前述のとおり区分所有法とマンション標準管理規約があるが、どちらも制定されてから長い時間が経過しており、何度も見直し（改正）がなされてきている。

区分所有法は、法制審議会の審議を経て改正等が提示されており、マンション標準管理規約は、2016年に大改正された後

も、2021年と2024年に改正がなされている。

　したがって、これらの改正及び改正案を踏まえて、現在の各マンションの管理規約も見直すことが必要になってくるし、建替え計画等も見直すことが必要になってくるのである。

　そこで第 2 章で、マンション標準管理規約の改正について整理し、第 3 章で区分所有法の改正案を分析し検討することとする。

第 2 章

マンション標準管理規約の改正

1　マンション標準管理規約の改正の意義と経緯

　区分所有者は、区分所有法等の強行規定に反しない限り、集会での特別決議により自由にマンションの管理規約を設定することができる（区分所有法30条、31条）。

　しかし、複雑な管理規約を区分所有者らが独自に作成することは難しく、区分所有者にとってはマンションの購入時にあらかじめ管理規約が存在している方が望ましいことから、国土交通省によって標準管理規約が作成され提示されている。

　すなわち、マンション標準管理規約とは、集会において任意に設定すべき管理規約について、その指針ないし参考とするべき標準モデルである。

　マンション標準管理規約は、当初の策定時から長期間が経過しており、直近の改正時点からも既に長い時間が経過していたため、管理において生じる様々な問題についての対処が十分ではないとの問題点が存した。また、東日本大震災の発生を受け、災害時等の緊急の対応についても十分に対応できない問題があったために、2016年に国土交通省において抜本的な改正がなされたのである（筆者も国土交通省における立案担当者として、2016年の標準管理規約の改正に携わった）。

　なお、マンション標準管理規約には「単棟型」「団地型」「複合用途型」の3種類があるが、本章ではマンションの基本的な類型である「単棟型」について解説する。

　また、マンション標準管理規約は2021年と2024年にも改正さ

れているので、その簡単な内容についても6で解説する。

2　マンション標準管理規約の2016年の改正の概要

　マンション標準管理規約というマンション管理の基本を定めるルールの抜本的改正が行われたのであるが、その概要をマンションの三つの老いに分類して見ていくことにしよう。

① 建物の老いに対応するルール

　ⓐ 専有部分の修繕及び専用使用権のある共用部分の修繕に関する改正

　ⓑ 災害等発生時における管理組合の意思決定手続等に関する改正

　ⓒ 緊急時における専有部分等への立入りについての改正

② 人の老いに対応するルール

　○ 外部の専門家の活用等に関するルールの改正

③ ルールの老いに対応するルール

　ⓐ 総会の議決権割合等についての改正

　ⓑ 総会における議決権の代理行使についての改正

　ⓒ 管理費等の滞納に対する処置についての改正

　ⓓ 会計情報や管理に関する情報の開示についての改正

　ⓔ 暴力団等の排除に関する改正

　ⓕ 自治会費やコミュニティ活動に関する考え方についての改正

25

3 建物の老いに対応するルールの改正

(1) 専有部分の修繕及び専用使用権のある共用部分の修繕に関する改正

ア 専有部分の修繕等

マンションが建築された後、長期間が経過すると、マンションも劣化してくるため、居室についても修繕等の必要性が多く発生してくることになる。

区分所有者は、専有部分である居室を所有しているのであるから、そこについての修繕や模様替え等は本来自由に行えるはずである。

しかし、その修繕工事等が共用部分や他の人の所有する専有部分に影響を与える恐れがある場合には問題が生じる。

そこで、2016年の改正ではその点を明確にして、「共用部分又は他の専有部分に影響を与える恐れのある」修繕等を行おうとするときは、あらかじめ理事長に申請をして、書面による承認を受けなければならないこととされた（マンション標準管理規約（以下「規約」という）17条1項）。

イ 窓ガラス等の改良

マンションの共用部分のうち、それぞれの居室に附属する窓枠、窓ガラス及び玄関扉等の開口部に係る改良工事については、マンション所有者全員の共有に属するものであるから、その修繕については、管理組合が計画修繕として行うことにな

る。

　しかし、管理組合が計画修繕を速やかに実施することができない場合もあり、そのような場合に開口部の修繕を実施できないとすれば、その居室の所有者には、防犯上の問題や結露の問題等の緊急又は重要な問題が発生する恐れも生じてくる。

　そこで、上記アと同様の手続により、それぞれの居室の所有者が単独で行うことができるようになった（規約22条）。

⑵　災害等発生時における管理組合の意思決定手続等に関する改正

　老朽化したマンションにとって、自然災害は大変な脅威となる。

　地震や台風及び水害等が老朽化したマンションに発生した場合には、マンションに様々な障害が発生することになるため、応急的な修繕や改修工事を速やかに行う必要が生ずる。

　従来の規約には、このような場合の管理組合の意思決定手続について特段の規定がなかったため、保存行為（現状を維持する行為）は、各区分所有者や管理者が単独で行えるが、それを超える行為については、災害等が発生した緊急時においても総会の決議等に基づいて行わなければならず、またそのための費用の支出についても総会の承認を受ける必要があった。

　このため、東日本大震災の際には、修繕や復旧が遅れたケース等が報告されていた。

　そこで、2016年の改正で、災害等の場合の管理組合の意思決定につき、以下のような改正がなされた。

① 理事長は、災害等の緊急時においては、総会又は理事会の決議によらずに、敷地及び共用部分等のために必要な保存行為を行うことができ（規約21条6項）、また、そのために必要な支出を行うことができる（規約58条6項）。

② 理事会の決議事項として、災害等により総会の開催が困難である場合における応急的な修繕工事の実施等が追加された（規約54条1項10号）。

③ 上記の決議に係る応急的な修繕工事の実施に充てるための資金の借入れ及び修繕積立金の取崩しについては、総会の決議によることなく、理事会で決議することができる（規約54条2項）。

④ 理事長は、この理事会の決議に基づき支出を行うことができる（規約58条5項）。

⑶ **緊急時における専有部分等への立入りについての改正**

　従来は、災害等の緊急時におけるマンションの居室への立入りについての規定は存在しなかった。

　しかし、東日本大震災等の状況を考えると、例えばマンションの居室の一つが潰れてしまい、その部屋の住人と連絡が取れないような状況が発生したときには、人命救助の必要や他のマンションの共用部分等を守るために緊急の立入りや工事等をする必要性がある（参考文献⑯98頁）。

　従来は、このような事態に対応する規定がなかったために、民法の事務管理の規定（民法697条以下）に従って行動するしかなかった。

その場合には、事務管理をするための要件も決められている
し（最も本人の利益に適合する方法による管理が必要とな
る）、また事務管理者の義務として本人への報告義務や、管理
の継続義務等の負担もある。さらに、緊急の立入り等により本
人に損害が生じた場合には、事務管理を行った者が、本人に対
して損害賠償義務を負担することもあるため、多くの管理組合
の関係者は、災害等の緊急時の場合であっても、他の区分所有
者の居室等への立入りを躊躇せざるを得なかったのである。

そこで、2016年の改正により、災害や事故が発生した場合に
理事長が行える緊急避難処置として、専有部分等への立入りが
できる旨の規定が設けられた（規約23条4項）。

なお、専有部分への立入りが認められるのは、「そのまま放
置すれば、他の専有部分や共用部分に対して物理的に又は機能
上重大な影響を与えるおそれがある場合（すなわち、財産管理
上の観点から真に必要な場合）に限られるものであること」等
が規約のコメントで解説された。

4　人の老いに対応するルールの改正

⑴　はじめに

区分所有法には、「管理者」を誰にするのか（すなわち、マ
ンション管理を誰が行うのか）についての規定は存在しない。

規約において、①管理者には理事長がなることとされ、②理
事長は理事の互選によることとされ、さらに、③理事は、マン

ションに現に居住している者とされていた（現住要件。ただ
し、この規定は2011年の改正により削除された）。

　以上の結果として、ほとんどのマンションにおいて、「マン
ションに現に居住している者の中から選任された理事及び理事
長が（多くの場合）無償でマンション管理を行う」ことが常態
化することとなったのである。

　しかし、マンションの管理を行うためには一定の能力と意欲
と時間的余裕が必要である。

　現在、多くのマンションにおいて、住人は高齢化し、入院し
たり老人ホームに入居することから空室になったマンション居
室を賃貸したり、あるいはそのような状況にない住人にとって
も、仕事が忙しく時間的な余裕がないなどの理由により、理事
のなり手がいない問題が発生している。

　そして、管理会社にマンションの管理を丸投げにすることに
より、管理の形骸化（未収の管理費の放置や長期修繕の策定を
しないこと等）や利益相反等の問題が発生するに至っている。

　これらのことから、マンションのスラム化や建替えの困難等
の問題が発生している状況にある。

　そこで、これらの問題を解決するために、2016年の改正によ
り、外部の専門家等によるマンション管理の方法が規約に盛り
込まれることとなった。

⑵　2016年の改正の概要
───────────────────────────────

　2016年改正前のマンション標準管理規約（以下「旧規約」と
いう）では、35条第3項に「理事及び監事は、組合員のうちか

ら、総会で選任する」とされていた（旧規約35条2項。役員の資格として組合員であることが前提とされていたので、これを「組合員要件」という）。

2016年の改正により、外部の専門家等を役員として選任できることとする場合には、上記の組合員要件の条項を削除し、その上で「組合員以外の者から理事又は監事を選任する場合の選任方法については細則で定める」との条項を4項として定めるものとされた。

これにより、マンション管理士のほか、弁護士、建築士等で一定の専門的知見を有する者が、外部の専門家でありながら、マンションの役員として選任される道が開かれることになったのである。

そして、マンションの規模等の事例ごとにどのようにして外部の専門家を活用したらよいのか、具体的なパターンが規約のコメントに別紙として記載され、詳細な説明がなされるに至った。

パターンとしては、①理事・監事外部専門家型又は理事長外部専門家型、②外部管理者・理事会監督型及び③外部管理者・総会監督型の三つが示されている。

(3) 理事・監事外部専門家型又は理事長外部専門家型について

ア 基本的な考え方

従来と同様に、管理組合に理事会を設け、理事会の役員に外部の専門家を入れる方法である（【資料3】別添1の①参照）。

イ　具体的なパターン

具体的には、①外部の専門家が理事長（＝管理者）となる場合、②外部の専門家が理事長になるだけでなく、さらに他の副理事長や理事や監事になる場合及び③外部の専門家が副理事長や理事や監事になる場合が考えられる。

ウ　ポイント

理事会の構成員として外部の専門家を招くケースなので、区分所有者は総会の構成員として理事会全体を監督することになる。

いわばこの方式が、全てのマンションに通じる基本的なパターンとなるといってもよく、多くのマンションのニーズに対応できるものと考えられる。

⑷　外部管理者・理事会監督型

ア　基本的な考え方

外部の専門家を区分所有法上の管理者として選任し、理事会は監事的な立場として外部の管理者を監視する方法である（【資料3】別添1の②参照）。

イ　具体的なパターン

外部の専門家は、①管理者となるだけで理事会の構成員（メンバー）にはならない場合と、②管理者となるだけではなく、さらに理事会の役員（メンバー）として、副理事長や理事や監事になる場合がある。

ウ　ポイント

管理者に高い専門性と透明性が要求され、また区分所有者の

利益を保護し、それを最大化するニーズの高いマンション（大規模な新築マンション等）にふさわしい方法として提案されている。

区分所有者の団体である総会は意思決定機関であり、管理者は知識経験の豊富な業務の執行者であり、また理事会は管理者を監視する機関である等それぞれの役割の分担や責任が明確化できることが特徴である。

⑸　外部管理者・総会監督型

ア　基本的な考え方

外部の専門家を区分所有法上の管理者として選任し、理事会は設けないという方法である。

イ　具体的なパターン

区分所有者からは、監事を選任して外部の専門家が就任している管理者を監視するとともに、全区分所有者で構成する総会が管理者を監視する方法である。

さらに、監査法人等による外部監査も義務付けることになる。

ウ　ポイント

比較的規模の小さいマンションを想定し、理事会を設けるまでもなく、全ての区分所有者が総会により外部の管理者を監視していくという方法である。

理事長のなり手がいないような例外的なケースに対応することが想定されている。

⑹ 管理業者管理方式

ア　はじめに

　管理業者を「管理者」として活用する場合があり、これを「管理業者管理方式」という（「マンションにおける外部管理者方式等に関するガイドライン（以下「外部管理者方式ガイドライン」という）国土交通省平成29年6月制定、令和6年6月改訂、第1章及び第3章以下。なお外部専門家やマンションの管理業者などの区分所有者以外の者が管理者となる管理方式のことを「外部管理者方式」という）。

　以下、外部管理者方式ガイドラインの概要を解説する。

イ　外部委託との違い

　多くのマンションでは、管理組合が、清掃業者や修繕工事などの管理業務をマンション管理業者（以下「管理業者」という）に委託している。管理業者は、マンション管理適正化法で登録することが義務付けられている。

　近年、既存マンションにおいて、役員の担い手不足等を背景として、マンション管理適正化法上の登録を受けた管理業者が管理事務を受託するのに加えて管理者として選任される事例や、新築マンションにおいて、管理業者が管理者に就任することを前提として分譲が行われる事例が出てきている。

　管理業者が管理組合から管理事務を受託している場合は、そのマンションにおける管理上の問題を十分に把握していることが期待されるため、管理状況、管理組合での議論に応じて、管理者として就任することも選択肢となり得ると考えられる。

他方、管理業者管理方式については、その運営方法によっては、区分所有者の意思から離れた不適切な管理、管理組合と管理業者との利益相反の発生、管理業者に支払うコストの増大等が生じる恐れがあることから、導入するか否かについてはメリット・デメリットを踏まえた慎重な検討が必要となる。

また、こうした検討を経て導入を決定した場合は、管理者の選任や業務遂行の監督等を適正に行うことができる体制の整備も必要となるとされている。

このように管理業者に管理業務を委託するだけではなく、さらに、管理業者を区分所有法上の「管理者」とするのが、「管理業者管理方式」と呼ばれる方法であり、「外部管理者方式」の一つである。

なお、管理者（区分所有法25条）は、区分所有者である必要はなく、また、企業などの法人でも就任できる。

「管理業者管理方式」の場合は、管理業者が、区分所有法上の管理者と、マンション管理適正化法上の管理業者という二つの地位を併せ持つことになり、機動的な運用が期待される反面、利益相反取引の増大の懸念等が、以下のとおり指摘されている。

ウ　注意すべき事項（外部管理者方式ガイドライン・第3章）

a　利益相反取引等への対応

① 利益相反取引等に係るプロセスの整備

利益相反取引とは、類型的に管理組合と管理者との利益が相反する恐れがある取引のことであり、例えば、管理者が代表取締役を務める会社などの一定の利害関係を有する業者に

工事や物品等を発注する場合や、大規模修繕工事を管理者と特別な利害関係を有する会社に発注する場合などが挙げられるが、このような利益相反取引を管理者が行う場合には、区分所有者のチェックが非常に重要になる。

② 利益相反取引などの制限

上記のような利益相反取引については、管理規約に、総会において重要な事実を説明した上で決議を得るべき旨を定めることが望ましいとされている。

そして、管理者として、利益相反取引等について総会で承認を得ようとする場合には、重要な事実の開示が必要になる。重要な事実とは取引の相手方、目的物、数量、価格、取引期間、取引による利益等であり、総会で承認すべきか否かの判断に資する部分について開示することが望ましい。

③ 大規模修繕工事の発注における透明性の確保

大規模修繕工事については、工事に伴う区分所有者の経済的負担が大きいだけでなく、管理者が大規模修繕工事をどのように行うか等の検討の主体となる場合には利益誘導も可能となり、管理組合に不利益を与えるリスクが生じる可能性があるので、大規模修繕工事についての検討には原則として管理者は関与せず、修繕委員会を主体として検討するのが望ましいとされている。修繕委員会は、複数の区分所有者と監事から構成することが望ましい。

また、管理者が、管理組合から支払われる正当な報酬以外の利益（いわゆるリベートやマージン）等を管理組合の取引先業者等から収受しない旨を管理者委託業務契約等において

約束させることも有効であるとされている。

④　管理者に対する監視やチェック体制

区分所有者が管理者の業務執行を適切に監督し、利益相反の発生などを防止できるようにするために、特に監事を設置すべきとされている。

監事については、管理者との関係で独立性を保つために、管理者による指名ではなく、総会の決議により選任すべきであり、また、監事のうち、少なくとも一人は外部の専門家（マンション管理士、弁護士、公認会計士等）から選任することにより、一定の専門的な知見を満たした上で、区分所有者からも監事を選任することが望ましいとされている。さらに、管理者から監事や区分所有者に対し、定期的な報告をすることを義務付けておくことも重要である。

⑤　管理者の解任を可能としておくための措置

管理規約に管理者の名称等の固有名詞を記載すると、管理者を辞めさせるときに管理規約の見直しが必要となり解任が困難となるので、固有名詞を記載すべきではない。

b　多額の金銭事故や事件の発生の防止

①　財産の分別管理の徹底

組合財産と管理者の固有財産とは分別して管理する必要があり、また、管理組合財産の預金口座については、管理組合に帰属する財産であることが一見して明らかな口座名義とすべきであるとされている。

②　通帳や印鑑等の保管体制

通帳と印鑑などについて、同一の主体による保管を避ける

ため、管理者が預金通帳を管理している場合には、管理組合の預金口座の印鑑等は監事が保管することが望ましいとされている。

③　適切な財産管理状況の把握

　管理者から監事に対し、財産の状況について適切な定期報告が行われるとともに、監事による定期的な財産状況の監査及び総会等における適切な報告が必要となる。

　また、監事が財産の状況を監査する役割を果たす上では、通帳や金融機関発行の預金残高証明書の原本等について定期的に確認し、預金口座からの不正な引き出しがないかどうかや会計帳簿の原本（見積書、請求書、領収書等を含む）との整合性を確認することが必要とされている。

5　ルールの老いに対応するルールの改正

(1)　総会の議決権割合等についての改正

ア　問題の所在

　多くのマンションでは、総会における議決権行使の割合は、共用部分の共有持分の割合によるものとされ、その割合は専有部分の床面積によることとされている（区分所有法38条、14条）。

　そこで、例えばタワーマンションの1階100平方メートルと30階の100平方メートルの二つの居室につき、売買価格が違っていても床面積が同じなので総会における議決権割合も同じと

いうことになる。

さらに、多くのマンションにおいては、規約で敷地の共有持分割合も共用部分の共有持分の割合によることと定めているので、マンションの1階と30階とで敷地についても同じ共有持分割合ということになる。

しかし、仮に大地震が発生し、このマンションが崩壊したので取り壊した上で敷地を売却することになった場合には、1階と30階で同じ金額しか取得できないことになってしまう。

イ　2016年の改正のポイント

そこで、①「専有部分の価値割合」に応じた総会での議決権割合の設定が、新たな選択肢として、規約に加えられることになった（規約46条関係）。

なお、価値割合とは、専有部分の大きさ、立地（階数、方角）及び眺望や日照等も反映した価値に基づく議決権設定割合のことである。

また、②価値割合を採用する場合には、敷地の持分割合についても価値割合に連動させ、分譲契約等において、敷地の持分についても議決権割合（価値割合）と一致するように定められる必要があるとされた（規約10条関係）。

⑵　総会における議決権の代理行使についての改正

ア　問題の所在

区分所有法39条2項及び旧規約46条4項には、総会において「代理人による議決権の行使が可能」との規定があるのみで、代理人資格については制限がなかった。

また、2011年の改正前の旧規約46条5項では、総会における代理人として、①マンションの他の組合員本人、②組合員本人又は他の組合員の同居人及び③居室（区分所有建物）の借家人の三者が考えられていた。

　しかし、総会は管理組合の最高意思決定機関であるので、総会に組合員の代理人として出席する者は組合員本人と利害関係が一致するものであることが求められるはずである。

　その点からすると、上記の者には問題が存在した。

イ　2016年の改正のポイント

　①まず、借家人が排除された。

　借家人は、区分所有者がマンションの建替えを行おうとしたときに、居室を退去せざるを得なくなることを理由に反対するなど、利害が対立するからである。

　②同居人についても、マンションの他の組合員の同居人は外された。

　一方、組合員本人の配偶者又は一親等の親族については、必ずしも同居している必要はないものとされた。（同居していない）組合員の配偶者や一親等の親族が管理組合の総会に出席することは実態としては多く行われており、そのような実態に合うように規約が改正されたのである。

　なお、配偶者については、「婚姻の届出をしていないが事実上婚姻関係と同様の事情にあるものを含む」とされた。いわゆる内縁関係の者でもよいとされたのである。

　③他方、組合員本人と同居している者については、世帯を同一にしているのであるから組合員本人と利害関係を共有してい

ると推定できるので、必ずしも推定相続人である必要はなく親族であればよいものとされた。

(3) 管理費等の滞納に対する処置についての改正

ア　問題の所在

マンションが建築されてから年月が経過すると建物は老朽化してくるため、管理費や修繕積立金（以下「管理費等」という）の負担は大きくなるとともに、区分所有者の高齢化に伴い、それまでの収入が減少することから、管理費等の滞納が多く発生することになる。

管理費等の滞納に関しては旧規約60条に規定があったが、具体的に取るべき措置についての十分な解説等が行われていなかった。

そのため、管理費等の滞納が多額になる恐れが生じ、それはマンション管理に重大な影響を及ぼすことにもなりかねない。

また、滞納された管理費等の回収について必ずしも専門的な知識を有していない理事にとって、滞納管理費等の回収の方法、手順及び具体的手段等がよくわからないという問題が存在した。

滞納管理費等が大きくなれば、マンション全体の資産価値も大きく下落する恐れが生じてくるのである。

イ　2016年の改正のポイント

a　滞納への措置

管理組合が管理費等の滞納に対し、必要な措置を講ずるものとする旨が定められ（規約60条参照）、規約のコメントにおい

て、滞納対策に関する基本的な考えが解説された。

b　滞納対策の流れ

　規約のコメントにおいて、管理組合が滞納者に対して取り得る各種の措置について、段階的にまとめたフローチャートと解説が示されることとなった。

　具体的には、以下の内容となっている。

① 督促

　管理組合は、滞納者に対して、まず督促を行うことになる。

　具体的には電話や書面や訪問による督促を行うことになるが、例えば1か月目は未納のお知らせ文等による通知を行い、2か月目には請求書を送り、3か月目には催告書を送る。4か月目には訪問をし、5か月目には配達証明付き内容証明郵便を送るなど、具体的な手順と方法が示された。

② 滞納者の保有資産の調査

　滞納者の保有資産に対し、差押え等をするためには、まず滞納者がどのような資産を、どこに保有しているのかを調査しなければならない。

　具体的には、まず、滞納者の所有している専有部分（居室）について住宅ローン等の抵当権が設定されているのかを調査し、次にそれ以外の資産について、現住所と直前に居住していた市区町村内と勤務先の市区町村内に不動産等を所有していないかを調査することになる。

　金融資産については、金融機関から金融資産に係る情報を開示することについて本人の同意を求められる可能性がある

ため、区分所有者の同意を事前に取っておくことにより、銀行等からの情報開示を得られることになると考えられる。

また、課税当局の固定資産課税台帳についても、本人の同意書がなければ調査ができないので、それをあらかじめ得ておく必要がある。

これらの同意については、「滞納した場合には、管理組合が滞納者の資産調査を行うことに、区分所有者はあらかじめ同意する」ものとする規定（みなし同意の規約）を設けることにより、区分所有者の同意を事前に取っておくことが考えられる（参考文献⑯172頁）。

③ 先取特権の実行（区分所有法 7 条）

管理組合は、管理費等を滞納している区分所有者が請求に対して自発的に支払わないときは、区分所有者の保有資産を競売にかけることにより未納の管理費等を回収することになる。

競売にかける方法として、区分所有法 7 条の先取特権の実行、一般的な強制執行及び区分所有法59条の競売請求の三つの手段がある。

区分所有法 7 条の先取特権は、確定判決等の債務名義を取得することなく、区分所有者の「区分所有権及び建物に備え付けた動産」について競売にかけることが可能となる（区分所有法 7 条）。

しかし、公租公課及び抵当権等の登記された担保権には劣後するため、抵当権が担保する融資残額等を控除しても、区分所有建物（居室）部分の売却代金から滞納管理費等の回収

が見込まれる場合には効果を発揮することとなるが、買受可能価額が優先債権等の見込み額に満たない場合には担保不動産の競売手続は取り消されることになってしまう（無剰余取消。民事執行法188条、63条)。

④　一般の強制執行

そのような場合には、一般の強制執行の方法によることになる。

管理費等を滞納している区分所有者の保有資産を調査し、例えば他の市区町村に不動産を所有していることなどが判明した場合には、その不動産を差し押え競売にかけることが考えられる。

その場合には滞納している区分所有者に対して裁判を起こし（訴訟手続)、判決を取り、債務名義を取得した上で、保有資産に対する差押えをしていくことになるのであるが、上記③と同様に無剰余取消の可能性がある。

⑤　区分所有法59条の競売請求

上記③と④の方法では回収ができなかった場合には、区分所有法59条の区分所有権の競売請求の方法を取ることが考えられる。

この方法による場合には、上記の無剰余取消となるような場合であっても、競売手続を実施することができるとした裁判例があり（東京高裁平成16年5月20日判決)、区分所有者がオーバーローン状態でも競売手続を実施できる可能性があり、また、この場合には競売により区分所有建物を取得した特定承継人が管理費等の滞納者の弁済責任を負うことになる

ため（区分所有法 8 条）、管理費等の滞納者を区分所有関係から排除した上で、特定承継人から滞納管理費等を回収できる可能性が出てくるのである。

なお、区分所有法57条では「区分所有者が第 6 条第 1 項に規定する行為をした場合又はその行為をする恐れがある場合」（共同利益背反行為）との要件があるが、管理費等の未納はこれに当たるものと解釈されている。

> コラム
>
> ### 特定継承人の責任
>
> 区分所有権を売買や贈与や競売などにより取得（特定承継）した者は、その承継前に生じた区分所有法 7 条 1 項に規定する債権（共用部分、建物の敷地若しくは共用部分以外の建物の附
>
>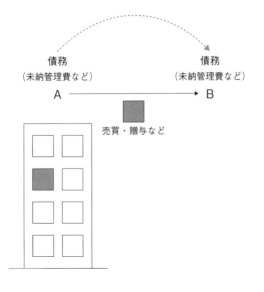

属施設につき他の区分所有者に対して有する債権又は規約若しくは集会の決議に基づき他の区分所有者に対して有する債権）について、債務を承継する（区分所有法8条）。

債務の存在を譲渡人が説明したかどうか、特定継承人がその事実を知っていたかどうかを問わないので、注意を要する。

中古のマンションを購入する場合には、前所有者が、例えば管理費等を幾ら未納にしていたのか等の調査をすることが重要になるのである。

c　遅延損害金の利率の水準

管理費等は、マンションの維持管理のために必要不可欠であり、その滞納はマンションの資産価値を大きく下落させることが考えられ、また、管理組合の理事長らによる滞納管理費等の回収は、専門的な知識やノウハウを有しない者によりなされることになり膨大な能力や時間を要することとなるので、遅延損害金の利率については、利息制限法や消費者契約法等における遅延損害金の利率よりも高く設定することができるものと考えられている（東京地裁平成20年1月18日判決）。

また、規約に定めることにより、裁判手続等に弁護士を使った場合には、その弁護士費用を違約金として請求できることになる。

⑷　会計情報や管理に関する情報の開示についての改正

ア　問題の所在

旧規約では、管理組合における会計帳簿等の文書の管理等について、管理の主体が管理組合と理事長とに分かれる複雑な規

定となっており、また理事長は、会計帳簿や組合員名簿等の帳票類を作成して保管し、組合員又は利害関係人の理由を付した書面による請求があったときは、これらを閲覧させなければならない旨の規定があるのみであり（旧規約64条）、現在の様々な情報の開示が要求される時代にそぐわない内容のものとなっていた。

マンションの設計図書や修繕等の履歴情報は、マンションの購入の可否を決定する重要な要素になるだけではなく、マンションに関する情報の開示がなされない場合には、なすべき修繕をしないなどの管理組合の怠慢を許すことにもなりかねない（参考文献⑯181頁）。

これらのことから、2016年の改正では、マンションに関する情報の開示等に関する多くの規定が新設され、その充実が図られることになった。

イ　2016年の改正のポイント

①長期修繕計画書、設計図書及び修繕等の履歴情報について、組合員又は利害関係人の請求に基づく閲覧の規定が新設され（規約64条2項）、規定の趣旨と理事長の書類の保管責任について新たに解説された（規約のコメント）。

なお、「利害関係人」とは、敷地や専有部分に対する担保権者、差押え債権者、賃借人、組合から媒介の依頼を受けた宅建業者等の法律上の利害関係がある者をいい、単に事実上、利益や不利益を受けたりする者や、親族関係にあるだけの者等は対象とはならないことも解説された。

②閲覧の対象とされる管理組合の財務、管理に関する情報

（規約64条1項の帳票類、同条2項の長期修繕計画書等及び72条2項、4項の規約原本等）については、組合員又は利害関係人の請求に基づき、請求した者が求める情報を記入した書面を作成し、交付することができる旨の規定が新設された（規約64条3項）。

③設計図書、修繕履歴情報、会計帳簿、什器備品台帳、組合員名簿等についても、電磁的記録による保管についての規定が設けられ（規約64条の(イ)）、文書の管理の責任者は理事長に統一された（規約64条）。

⑸　暴力団等の排除に関する改正

ア　問題の所在

暴力団等の反社会的勢力の排除についての社会的要請が近年高まっており、多くの地方自治体においても反社会的勢力排除の条例が設けられている。

そのような状況の中で、マンションにおいても暴力団等の反社会的勢力の排除が社会的に要請される時代となっている。

また、実際問題としても、マンションの一室が暴力団等の反社会的勢力に利用されるとマンション管理の上でも重大な問題が発生するとともに、マンションの資産価値も下落せざるを得ないことになる。

このような状況にあるにもかかわらず、旧規約には暴力団等の反社会的勢力の排除に関する規定が存在しなかった。

そこで、2016年の改正により以下のような規定が新設された。

イ　2016年の改正のポイント

区分所有者（管理組合の組合員）が区分所有建物（居室）を第三者に賃貸する場合には、以下の条項を賃貸借契約の中に入れなければならないこととされた（規約19条の2第1項）。

① 契約の相手方が暴力団員ではないこと及び契約後において暴力団員にならないことを確約すること。

② 借主が暴力団員であることが判明した場合には、貸主が賃貸借契約を解約することができること。

③ 貸主が解約権を行使しないときは、管理組合は、貸主に代理して解約権を行使することができること。

また、区分所有者は、上記③の解約権の代理行使を管理組合に認める旨の書面を提出するとともに、契約の相手方に暴力団員ではないこと及び契約後において暴力団員にならないことを確約する旨の誓約書を管理組合に提出させなければならないこととされた（同条2項）。

現在、マンションの住人の高齢化等に伴いマンションを賃貸するケースが多くなっているところ、区分所有者が第三者に居室を賃貸する場合には、上記の特約条項を賃貸借契約の中に定めることにより、賃借人が暴力団等の反社会的勢力と判明したときは賃貸借契約を解約して賃借人を退去させることができることになる。

特に暴力団等の反社会的勢力が賃借人である場合には、賃貸人は報復等を恐れて解約権の行使を躊躇するかもしれず、また、高齢化に伴う認知症等により解約の意思表示をすることができにくい状況になっていたり、病院や高齢者施設に入居して

いたりすることから解約権の行使がしにくい状況になっている場合も考えられる。

しかし、そのようなときにも上記③の代理権の授与があることにより、管理組合が賃借人に対して解約権を代理行使して暴力団等の反社会的勢力をマンションから退去させることができるのである。

また、区分所有者（組合員）が区分所有建物（居室）を第三者に譲渡する場合にも、賃貸の場合と同様の問題が生じる恐れがあるので、上記と同じような内容のものを売買契約の特約として定めておくことも考えられるとのコメントが付されている。

なお、2016年の改正で、暴力団等（暴力団員又は暴力団員でなくなった日から5年を経過しない者をいう）は、マンション管理組合の理事等の役員にはなることができないこととされた（規約36条の2）。

⑹ 自治会費やコミュニティ活動に関する考え方についての改正

ア 問題の所在

各地域には、マンション管理組合とは別の組織である自治会や町内会というものが存在する。自治会や町内会は、地域の住民の親睦や福祉及び助け合い等を図るために居住者が任意に加入する地縁団体であるので、区分所有法に基づき区分所有者全員で構成される強制加入団体である管理組合とは、その性質が全く異なるものである。

それにもかかわらず、多くのマンションにおいて、マンション管理費と自治会費等を一体として徴収し、マンション管理組合から自治会費を支払っている事例があり、あるいは、マンションの中での自治会的な活動への管理費の支出が行われることによるトラブルの発生等も存在した。

このような混乱を招いた原因の一つとして、旧規約32条15号に「地域コミュニティにも配慮した居住者間のコミュニティ形成」が管理組合の業務として記載されており、また旧規約27条10号に「地域コミュニティにも配慮した居住者間のコミュニティ形成に要する費用」を管理費の使途として記載されていたことが挙げられる。

要するに「地域コミュニティにも配慮した居住者間のコミュニティ形成」との表現が、定義が曖昧であったために拡大解釈される余地があったからであると思われる。

イ　2016年の改正のポイント

①上記の旧規約27条10号及び32条15号を削除した。

これにより、マンション管理組合の管理費と、自治会費や町内会費とは別物であるということを明確にしたのである。

したがって、マンション管理組合は管理費を徴収すればよいのであって、できれば自治会費や町内会費等を一体として徴収することは避けた方が望ましい。自治会や町内会は任意加入団体であるので、マンションの全ての区分所有者から、その会費を徴収することは本来適切ではないし、請求される区分所有者にとっても、管理組合からの請求であれば支払わなければならないものと誤解して支払ってしまうことも多くあると思われる

からである。

②旧規約32条12号を「マンション及び周辺の風紀、秩序及び安全の維持、防災並びに居住環境の維持及び向上に関する業務」と改めた。

これは、従来、管理組合により行われていた活動の中の「コミュニティ活動」と称していたものの中でも、マンションやその周辺における美化や清掃、景観形成、防災や防犯活動、生活ルールの調整等で、その経費に見合ったマンションの資産価値の向上がもたらされる活動は、それが区分所有法3条に定める管理組合の目的である「建物並びにその敷地及び附属施設の管理」の範囲内で行われる限りにおいて可能であるからである。

③マンション管理組合の活動として不適切なものが指摘された。

以上の管理組合の法的性質からすれば、マンションの管理に関わらない活動を行うことは適切ではないとされた。

例えば、一部の者のみが対象となるクラブやサークル活動の経費、主として親睦を目的とする飲食の経費等は、マンション管理業務の範囲を超え、マンション全体の資産価値向上等に資するとは言いがたいので、管理費をそれらの費用に当てることは適切でなく、管理費とは別に参加者からの直接の支払や積立て等によって費用を賄うべきである旨が、コメントに解説された。

6　その後の改正

⑴　「マンション標準管理規約（単棟型）」の2021年（令和3年）の改正の概要

ア　ITを活用した総会・理事会

「ITを活用した総会」等の会議の実施が可能なことが明確化され、これに合わせて留意事項等が記載された。

①　「ITを活用した総会」等の会議を実施するために用いる「WEB会議システム等」の定義が定義規定に追加された（規約2条）。

②　理事長による事務報告が「ITを活用した総会」等でも可能なことが記載された（規約38条関係コメント③）。

③　ITを活用した議決権の行使は、総会や理事会の会場において議決権を行使する場合と同様に取り扱うことが記載された（規約46条関係コメント⑧（総会）・53条関係コメント⑤（理事会））。

④　「ITを活用した総会」等の会議の実施が可能であること及び定足数を算出する際のWEB会議システム等を用いて出席した者の取扱い等について記載された（規約47条及び同条関係コメント①（総会）・53条及び同条関係コメント⑤（理事会））。

イ　マンション内における感染症の感染拡大の恐れが高い場合等の対応

①感染症の感染拡大の恐れが高いと認められた場合における共用施設の使用停止等を使用細則で定めることが可能であることが記載された（規約18条関係コメント①）。

②感染症の感染拡大の防止等への対応として、「ITを活用した総会」を用いて会議を開催することも考えられるが、やむを得ない場合においては、総会の延期が可能であることが記載された（規約42条関係コメント第3項関係)。

ウ　置き配

置き配を認める際のルールを使用細則で定めることが考えられることが記載された（規約18条関係コメント④)。

エ　専有部分配管

共用部分と専有部分の配管を一体的に工事する場合に、修繕積立金から工事費を拠出するときの取扱いが記載された（規約21条関係コメント⑦)。

オ　管理計画認定及び要除却認定の申請

総会の議決事項としてマンション建替え円滑化法に基づく要除却認定の申請を追加し、これに合わせて規定が整理された（規約48条)。

第2章 | マンション標準管理規約の改正

⑵ 「マンション標準管理規約（単棟型）」の2024年（令和6年）の改正の概要

ア 高経年マンションの非居住化や所在等不明区分所有者の発生への対応等

a 組合員名簿等の作成・更新の仕組み

① 組合員の住所等に変更があった際に管理組合へ届け出ることが記載された（規約31条及び同条関係コメント）。

② 専有部分を第三者に貸与する場合において、当該第三者に関する情報を管理組合へ届け出ることが記載された（規約19条及び同条関係コメント⑤）。

③ 組合員名簿を更新すること及び居住者名簿を作成・更新することが記載された（規約64条の2及び同条関係コメント①及び⑤）。

b 所在等が判明しない区分所有者への対応

区分所有者の所在等が判明せず管理に支障を及ぼす場合において、管理組合が所在等不明区分所有者の探索を行った場合に、その探索に要した費用を当該区分所有者に請求することができることが記載された（規約67条の2及び同条関係コメント②）。

イ マンションの管理情報の見える化の推進

a 修繕積立金の変更予定等の見える化

① 総会において、長期修繕計画上の積立予定額と現時点の積立額の差や、修繕積立金の変更予定等を明示することについて記載された（規約48条関係コメント）。

55

② マンション売買時の購入予定者に対する管理情報提供項目
例に長期修繕計画上の修繕積立金の変更予定額及び変更予定
時期が記載された（規約コメント別添 4 ）。

b　管理に関する図書の保管の推進

① 総会及び理事会で使用した資料を保管することが記載され
た（規約49条の 2 及び同条関係コメント（総会）・53条（理
事会））。

② 管理規約を変更した際に、変更内容を反映した冊子を作成
することが望ましいことが記載された（規約72条関係コメン
ト②）。

ウ　社会情勢やライフスタイルの変化に応じた対応

a　EV（電気自動車）用充電設備の設置の推進

① EV用充電設備を設置する際のルール等をあらかじめ定め
ておくことが記載された（規約15条関係コメント④）。

② EV用充電設備の設置工事を行う際の決議要件の考え方が
記載された（規約47条関係コメント⑥のカ）。

③ マンション売買時の購入予定者に対する管理情報提供項目
例にEV用充電設備に関する情報が記載された（規約コメン
ト別添 4 ）。

b　宅配ボックスの設置に係る決議要件の明確化等

宅配ボックスの設置工事を行う際の決議要件の考え方が記載
された（規約47条関係コメント⑥のエ）。

第 **3** 章

区分所有法の改正案

1　はじめに：マンションをめぐる幾つもの法律

　マンションに関係する法律は、区分所有法やマンション建替え円滑化法等、幾つもの法律が存在している。また、対象となる建物についても、法律により「区分所有建物」であったり「マンション」であったりしてわかりにくいばかりか、マンションの建替えに関するルールも、区分所有法によるのか、マンション建替え円滑化法によるのかもよくわからないというのが、一般的な感想ではないであろうか。

　そこで、まず区分所有建物とマンションについての法律の全体像（マンションに関する4法の関係）と、区分所有建物とマンションについて法律がどのように適用されるのかを概観してみよう（次頁以下の図を参照。正式な法律名についても次頁の図の注を参照）。

　この全体像を見てわかることは、①まず、民法に対する例外として、区分所有建物について区分所有法が1962年に制定され、②次に、阪神・淡路大震災を受けて、1995年に区分所有建物について再建特別措置法が制定され、③その後、マンションについて2000年にマンション管理適正化法が制定され、④最後に、2002年にマンションについてマンション建替え円滑化法が制定されたということである。

　区分所有建物の中でも、区分所有建物で居住用の専有部分があるものを特に「マンション」と呼び、マンションに適用される法律が「マンション管理適正化法」と「マンション建替え円

図1 マンションに関する４法の関係

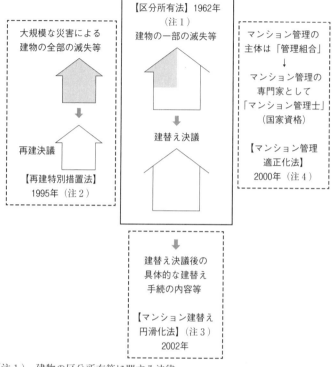

（注１） 建物の区分所有等に関する法律
（注２） 被災区分所有建物の再建等に関する特別措置法
（注３） マンションの建替え等の円滑化に関する法律
（注４） マンションの管理の適正化の推進に関する法律
（出典） 筆者作成

滑化法」である（所管は、国土交通省）。

居住用でない区分所有建物にも適用される法律が「区分所有法」と「再建特別措置法」である（所管は法務省）。

再建特別措置法とマンション建替え円滑化法については、その概要をコラムで解説している。

図2 区分所有建物とマンションについての法律の適用関係

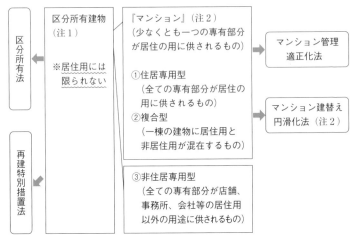

(注1) 区分所有法
（建物の区分所有）
第1条 一棟の建物に構造上区分された数個の部分で独立して住居、店舗、事務所又は倉庫その他建物としての用途に供することができるものがあるときは、その各部分は、この法律の定めるところにより、それぞれ所有権の目的とすることができる。

(注2) マンション建替え円滑化法
（定義等）
第2条 この法律において、次の各号に掲げる用語の意義は、それぞれ当該各号に定めるところによる。
一 マンション 二以上の区分所有者が存する建物で人の居住の用に供する専有部分のあるものをいう。

(出典) 筆者作成

2以下で法制審議会から提示されている区分所有法の改正案の内容を法務省が作成した資料とともに見ていこう。

第3章 │ 区分所有法の改正案

> **コラム**
>
> ## 再建特別措置法の概要
>
> ### (1) 再建特別措置法制定の経緯
>
> 　大規模な災害により区分所有建物が全部滅失した場合には区分所有関係が消滅してしまうので、区分所有法の適用はなくなり、マンションの敷地の共有関係だけが残る（敷地が借地権の場合には準共有になる）。
>
> 　マンションを建て替えようと思ったり、建替えを断念して敷地を売却しようと思ったりした場合に、民法の規定に従えば、建替えについては共有物の変更として、売却については共有物の処分として、それぞれ共有者全員の合意がなければ実現しない（民法251条等）。
>
> 　そこで、阪神・淡路大震災を契機として再建特別措置法を制定することにより、民法の原則を緩和してマンションの再建や敷地の売却等を容易にできるようにしたのである。
>
> ### (2) 区分所有建物の全部が滅失した場合
>
> #### ア　敷地共有者等集会制度の創設（再建特別措置法2条〜）
>
> 　この制度により区分所有法と同様に、敷地の共有者らは集会を開き、管理者を置くことができるようになった。ただし、あくまで暫定的なものであるため「規約」を定めることはできない。
>
> #### イ　再建決議及び敷地売却決議（同法4条、5条）
>
> 　政令で定める災害により区分所有建物の全部が滅失した場合には、敷地共有者等集会で、敷地共有者等の議決権の5分の4以上の賛成により滅失した区分所有建物の再建及び敷地の売却ができる。
>
> 　敷地共有者等集会の議決権は、敷地共有持分等の価格の割合によることになる。
>
> #### ウ　共有物分割請求の制限（同法6条）
>
> 　民法上は、共有者はいつでも共有物の分割を請求することが

61

できることとされているが（民法256条）、再建決議や敷地売却決議が成立した後に共有物の分割請求がされると、一旦成立した再建決議に基づく再建や敷地売却決議に基づく売買契約の実行が事実上できなくなってしまう恐れが生ずる。

そこで、再建決議や敷地売却決議をする可能性のある間は、共有物の分割請求は原則的に禁止される。

⑶　区分所有建物の一部が滅失した場合

ア　建物敷地売却制度（同法9条）

政令で定める災害により区分所有建物の価格の2分の1超に相当する部分が滅失した場合には、区分所有者集会で、区分所有者及び議決権並びに敷地利用権の持分の価格の各5分の4以上の多数で区分所有建物及びその敷地を売却する旨の決議をすることができる。区分所有建物は残っているので区分所有法の適用はあるのだが、区分所有法の特例としての再建特別措置法が適用されることになる（同法2条、7条、9条及び区分所有法61条1項本文）。

なお区分所有建物に設定されていた抵当権や借家権等は消滅しない。

イ　建物取壊し敷地売却決議（同法10条）

政令で定める災害により区分所有建物の価格の2分の1超に相当する部分が滅失した場合には、区分所有者の集会で、区分所有者、議決権及び敷地利用権の持分の価格の各5分の4以上の多数により、大規模一部滅失した建物を取り壊した上で、更地となった敷地を売却する決議をすることができる（同法2条、7条、9条、10条及び区分所有法61条1項本文）。

なお区分所有建物に設定されていた抵当権や借家権等は消滅しない。

ウ　取壊し決議（同法11条）

政令で定める災害により区分所有建物の価格の2分の1超に相当する部分が滅失した場合には、区分所有者及び議決権の各5分の4以上の多数で区分所有建物を取り壊す旨の決議をすることができる（同法2条、7条、9条、11条及び区分所有法61

条1項本文)。

　敷地の処分については決議の内容とはなっていないので、敷地利用権の持分価格の割合は、多数決要件の基準とはならない。

　いつ倒壊するかわからないような危険な建物を除去してしまって、取りあえず敷地を更地にしておこうという決議である。

コラム

マンション建替え円滑化法の概要

(1)　はじめに

　マンションの建替えは、区分所有者及び議決権の5分の4以上の多数の決議により行うことができる（区分所有法62条1項）。

　しかし、その決議が成立した後の手続についての規定が存在しなかった。つまり、建替えの合意があっても、その実行方法がよくわからない状態にあったのである。

　具体的には①実施主体についての定めがなく、実施する団体のルールや構成員についての権利義務関係が不明確であった。②マンション建替えを実施する区分所有者の団体に法人格がないため、契約の締結が困難になる恐れがあった。③区分所有建物に抵当権や借家権が設定されていた場合に、抵当権者や借家人との間で権利調整をする必要があった。

　1995年1月の阪神・淡路大震災の発生後、建替え決議がなされたマンションにおいても、建替え決議の実行につき上記のような様々な法的問題が生じてしまった。

　そこで2002年6月に、以上の問題の解決のためにマンション建替え円滑化法が制定されたのである。

(2)　権利変換手続

　　ア　権利変換とは

　権利変換とは、旧マンションに存在した権利を新しいマンションの権利に移動させることであるが、原則に従うと全ての権利者の同意が必要であり、また契約や登記も個別に必要となり極めて煩雑であるため、その手続を簡素化し、かつ合理化したのである。

　　イ　手続の内容

　①まず、建替え決議に基づく建替え事業を実施することを目的として、マンション建替え組合という法人を設立することになる。マンション建替え組合は、建替えに参加する区分所有者が5人以上共同して、定款及び事業計画を定め、都道府県知事の認可を受けて設立する。②次に、マンション建替え組合が権利変換計画を定め、計画に参加しないものからはその権利を買い取り、権利変換計画については行政庁の認可を受けた上で建替えの工事を始めることになる。③その上で、区分所有建物に存在した所有権や抵当権及び借家権等は、旧マンションから新マンションに移行することになる。

(3)　要除却認定制度（マンション建替え円滑化法102条）

　　ア　2014年（平成26年）の改正

　マンションにつき耐震診断の資格を有する建築士により耐震診断を受け、耐震性不足であるとされた場合には、特定行政庁に申請をして耐震性不足であるためにマンションを除却する必要がある旨の認定を受けることができることとされた。

　　イ　2020年（令和2年）の改正

　耐震性不足のほかに、以下の事由が存在する場合もマンションを除却する必要性がある旨の認定（要除却認定）を受けることができることとされた。

・火災に対する安全性の不足

・外壁等の剥落により周辺に危害を生ずる恐れ

・給排水管の腐食等により著しく衛生上有害となる恐れ

・バリアフリー基準への不適合

第3章 | 区分所有法の改正案

⑷　マンション敷地売却制度（同法108条以下）

　ア　2014年（平成26年）の改正

　耐震性不足を理由として要除却認定を受けたマンションについては、区分所有者が集会において、区分所有者、議決権及び敷地利用権の持分の価格の各5分の4以上の多数で、マンション及び敷地を売却する旨の決議をすることができることとされ、その場合にはマンションに設定されていた抵当権や借家権等も消滅することとされた。

　民法の原則に従えば、マンションや敷地の売却については区分所有者全員の同意が必要であるし、抵当権や借家権を消滅させるためにも抵当権者や借家人の同意が必要であるところ、マンション建替え円滑化法によりその要件は大幅に緩和されたのである。

　イ　2020年（令和2年）の改正

　①耐震性不足の場合だけでなく、耐震性を満たしていても、②火災に対する安全性が不足している場合や、③外壁等の剥落により周辺に危害を生ずる恐れがある場合にも、マンションの敷地を売却することが認められた（要件等はアと同じ）。

　なお、上記①〜③の三つの場合を「特定要除却認定」という。

⑸　容積率緩和の特例（同法105条）

　ア　2014年（平成26年）の改正

　耐震性不足の認定を受けたマンションを建て替えることにより新たに建築されるマンションで、一定の敷地面積を有し市街地環境の整備・改善に資するものについて、特定行政庁の許可により容積率制限が緩和されることとなった。

　容積率の緩和により、マンションの建替えが容易になることが期待された。

　イ　2020年（令和2年）の改正

　①耐震性不足の場合だけでなく、耐震性を満たしていても、②火災に対する安全性が不足している場合、③外壁等の剥落により周辺に危害を生ずる恐れがある場合、④給排水管の腐食等により著しく衛生上有害となる恐れがある場合及び⑤バリアフ

リー基準に適合していない場合には、ア同様に容積率の制限が緩和されることとなった。

　以上を表にすると、次のようになる（国土交通省の資料より）。

除却の必要性に係る認定 （＝要除却認定） （法102条）		容積率緩和の特例 （法105条）	マンション敷地売却事業 （法108条〜）
特定要除却認定	耐震性の不足 （法102条2項1号）	○	○
	火災に対する安全性の不足 （法102条2項2号）	○	○
	外壁等の剥落により周辺に危害を生ずる恐れ （法102条2項3号）	○	○
給排水管の腐食等により著しく衛生上有害となる恐れ （法102条2項4号）		○	－
バリアフリー基準への不適合 （法102条2項5号）		○	－

2　区分所有建物の管理の円滑化

(1)　集会の決議の円滑化

　ア　所在等不明区分所有者を集会の決議の母数から除外する仕組み

現行法上は、集会において決議を成立させるためには、区分

所有者及び議決権の全てを母数とし、法定の多数決割合を満た
す賛成を得る必要がある（区分所有法39条）。

区分所有者が誰か、その氏名（個人）又は名称（法人）を特
定することができないか（区分所有者の特定不能）、又は区分
所有者を特定することはできても、その所在を知ることができ
ない場合（区分所有者の所在不明）は、その者は集会の決議で
反対をした者と同様に扱われることになるため、所在等不明区
分所有者がいる区分所有建物においては決議が成立しにくくな
り、必要な管理等が行えなくなる恐れがある。

そこで、改正案では、所在等不明区分所有者を集会の決議の
母数（頭数要件と議決権要件の両方）から除外する仕組みを創
設することとされている。

具体的には、裁判所は所在等不明区分所有者以外の区分所有
者や管理者等から請求された場合に、必要な調査を尽くして
も、なおその所在等が不明である場合には、所在等不明区分所
有者を集会の決議の母数から除外する決定（**除外決定**）をする
ことができるとされている。

後述する建替え決議等を含めて、全ての決議が、この除外決
定の対象となる。

イ　出席者の多数決による決議を可能とする仕組み

高経年マンションにおいては、区分所有者の高齢化や非居住
化が進行し、集会の運営や決議が困難になっており、またマン
ションの規模が大きくなるほど集会への出席率が下がるなど、
マンションの管理に係る区分所有者の合意形成の困難さが増大
している。

このような状況の中で、現行法は、集会に参加しない区分所有者を議案に反対したものと同様に取り扱っているが、相当ではないと考えられる。

　そこで、出席者による多数決の仕組みが提案されている。

　まず、以下の集会の議事は、出席した区分所有者及びその議決権の多数で決する。

　①普通決議、②共用部分の変更（その形状、又は効用の著しい変更を伴わないものを除く）の決議、③復旧決議、④規約の設定・変更・廃止の決議、⑤管理組合法人の設立・解散の決議、⑥義務違反者に対する専有部分の使用禁止、区分所有権等の競売請求の決議及び専有部分の引き渡し等の請求の決議、⑦管理組合法人による区分所有権等の取得の決議である。

　また、①以外の決議については、法律上、原則的な集会の定足数を区分所有者と議決権の過半数とした上で、規約でこれを上回る割合を定めることを可能とするものとされている。

⑵　区分所有建物の管理に特化した財産管理制度

ア　所有者不明専有部分管理制度

　現行法上は、区分所有者を特定することができず（特定不能）、又は区分所有者の所在が不明となっている（所在不明）状態の専有部分がある場合（所在等不明状態）には、その専有部分を管理するために、不在者財産管理制度や相続財産清算制度が利用されており、これらの財産管理制度により選任された管理人は、問題となっている専有部分だけではなく、所在等不明区分所有者の財産の全て（他の不動産や、株券、銀行、預金

等及び借金等の債務）を管理する必要がある。そのため、手続も複雑であるし、時間も費用もかかることになる。

そこで、所在等不明区分所有者の有する専有部分の管理に特化した財産管理制度を創設することが提案されている。

所有者不明土地問題に関連し、2021年に民法が改正されて所有者不明土地・建物管理制度が創設されたが、マンションには適用されないものとされていたところ、今回の区分所有法の改正案は、この点をカバーするものである。

具体的には、所在等不明状態となっている専有部分がある場合には、他の区分所有者や管理者等の利害関係人が裁判所に請求をし、必要な調査を尽くしても区分所有者又はその所在を知ることができないときは、裁判所が所有者不明専有部分管理人を選任し、その管理人が所在等不明者の専有部分の管理（保存行為及びその性質を変えない範囲内においての利用又は改良行為）を行うことになる。裁判所の許可を得れば、管理を超える区分所有権の売却等もすることが可能になる。

イ　管理不全専有部分管理制度

区分所有者の所在等が判明していても、その所有する専有部分にゴミが集積されていたり、専有部分の配管が腐食したまま放置されたりするなど、専有部分の管理が不適当であることによって共用部分や他の区分所有者の専有部分及び近隣住民の権利や利益が侵害され、又は侵害される恐れがあるような事態（管理不全状態）が生じることがある。

そのような場合には、管理不全状態によって権利や利益の侵害を受ける恐れがある他の区分所有者や区分所有建物の近隣住

民や管理者等の利害関係人が裁判所に申立てをし、必要が認められるときは裁判所により管理不全専有部分管理人が選任され、管理不全専有部分等の保存・利用・改良行為をすることができ、これらを超える変更工事や処分行為も裁判所の許可を得てすることができる。

ただし、専有部分の処分行為については、所有者である区分所有者の同意がなければ裁判所は許可をすることができない。

上記の所有者不明専有部分管理制度と同じく、2021年の民法改正で創設された「管理不全土地・建物管理制度」と同様の制度である。

ウ　管理不全共用部分管理制度

区分所有建物の外壁が剥落する恐れがある場合や、廊下やテラスに危険物や大量の悪臭を放つゴミ等が放置されている場合等、共用部分の管理が不適当であることによって区分所有建物の近隣住民の権利・利益が侵害され、又は侵害される恐れがある事態が生ずることがある。

現行法では、被害を受ける近隣住民は、共用部分の共有者である区分所有者に対して所有権に基づく妨害排除・予防請求権を行使したり、不法行為に基づく損害賠償請求権を行使したりすることが可能であるが、近隣住民は、管理不全の共用部分について管理者による柔軟で継続的な管理を求めることはできない。

そこで、管理不全の共用部分の管理に特化した新たな財産管理制度を創設することが提案されている。

具体的には、区分所有者による共用部分の管理が不適当であ

ることによって他人の権利又は法律上保護される権利が侵害され、又は侵害される恐れがある場合に、区分所有建物の近隣住民等の利害関係人が裁判所に申立てをし、必要があると認められるときは、管理不全共用部分管理人が選任され、管理不全共用部分の保存・利用・改良行為をすることができ、これらを超える変更工事や処分行為も裁判所の許可を得てすることができる。

ただし、共用部分の処分行為については、全区分所有者（一部の共用部分を対象とするときには当該部分の区分所有者）の同意がなければ裁判所が許可をすることができない。

なお、管理不全共用部分管理制度は、基本的に被害を受ける近隣住民が利用することが想定され、共用部分が管理不全状態であることによって区分所有者に権利侵害が生ずる恐れがある場合には、各区分所有者は保存行為としてその侵害の原因を取り除くことが可能であると解されるため（区分所有法18条1項、26条1項）、区分所有者の利用は余り考えられない。

しかし、管理不全の共用部分に対応するための工事が保存行為に当たるかどうかを判断することができない場合もあるので、区分所有者が管理不全共用部分管理制度を利用する必要も生じ得る。

また、管理者・理事が適切に共用部分の管理をしていれば、共用部分が管理不全状態になることはないのであるから、この制度が利用されるのは管理者・理事が選任されていないか、選任されていても十分に機能していない場面であるとされている。

⑶　共用部分の変更決議及び復旧決議の多数決要件の緩和

ア　共用部分の変更決議

　マンションには、専有部分のほかに外構やエレベーターやエントランス等の共用部分（区分所有者の共有）があるが、その変更（共用部分の形状又は効用の著しい変更を伴う変更）は、現行法では、区分所有者及び議決権の各4分の3以上の多数による集会の決議で決することとされ、この区分所有者の定数（頭数要件）は、規約でその過半数まで減ずることができるとされているが（区分所有法17条1項）、議決権に係る決議要件については規約で減ずることを認める規定はない。

　しかし、区分所有者と議決権の各4分の3以上の賛成を得ることは必ずしも容易ではなく、必要な工事を実施することができない場合や、合意形成のために長い時間を要することもある。

　そこで、法定の多数決割合について、一定の客観的な事由がある場合には、出席した区分所有者及びその議決権の各3分の2以上とする（議決権については、規約に定めることにより過半数以上とすることもできる）ことが提案されている。

　建物が客観的に危険な状態にある場合（共用部分の設置又は保存に瑕疵があることによって、他人の権利又は法律上保護される利益が侵害される場合又は侵害される恐れがある場合）の規定である。

　「区分所有建物の共用部分の設置又は保存の瑕疵」とは、区分所有建物が通常有すべき安全性を欠くことであり、例えば、

耐震性の不足や火災に対する安全性の不足、外壁等の剥落により周辺に危害を生ずる恐れがあるときなどである。

イ　復旧決議

現行法では、区分所有建物の一部が滅失した場合の復旧決議は、区分所有者及び議決権の各 4 分の 3 以上の多数を要するとされている（区分所有法61条 5 項）。

しかし、復旧決議の要件についても、共用部分の変更決議の多数決要件と同様にすることが望ましいので、多数決割合を一律に**出席**した区分所有者及びその議決権の各 **3 分の 2 以上**とすることが提案されている。

⑷　区分所有者が国外にいる場合における国内管理人の仕組み

近年、海外投資家による国内不動産投資の増加等により、区分所有者が国内に住居所を有しないケースが増加しており、管理者等が配管の更新工事等のための専有部分への立入りや管理費等の徴収をする必要があるときは、区分所有者からあらかじめ通知された連絡先に連絡して、区分所有者から立入りについての同意を得たり、管理費等の支払を受けたりすることになる。

しかし、連絡先が通知されていなかったり、通知されていても転居等により連絡がつかなかったりしたときは、立入りについての同意を得ることも管理費等の支払を受けることもできないため、現行法上は、判決を得るなどして強制執行をすることになるが、国外にいる区分所有者に対して訴えを提起したり強制執行をしたりすることには多大な時間や費用がかかる恐れが

ある。

　そこで、区分所有者が国内に住居所等を有しない場合又は有しないこととなる場合に、専有部分及び共用部分の管理に関する事務を行わせるため、区分所有者が国内に住所又は居所を有する者のうちから国内管理人を選任することができる仕組みを設けることが提案されている。

①　管理者等による区分所有建物の管理の円滑化を図るため、以下のように権限の内容を明確化するとともに、区分所有者は、国内に住居所等を有しない場合又は有しないこととなる場合には、国内管理人を任意に選任し、解任することができるとする規律を設けることが提案された。

　　国内管理人の権限は以下のとおりである。

　ⓐ　保存行為

　ⓑ　専有部分の性質を変えない範囲内において、その利用又は改良を目的とする行為

　ⓒ　集会の招集の通知の受領

　ⓓ　集会における議決権の行使

　ⓔ　共用部分、建物の敷地若しくは共用部分以外の建物の附属施設につき他の区分所有者に対して負う債務又は規約若しくは集会の決議に基づき他の区分所有者に対して負う債務の弁済

②　なお、区分所有建物によっては、国内管理人の選任を義務付けることが相当な場合もあり、また、規約自治の範囲としても、そのように考えられるため、改正案の注にその旨が記載されている。

③　国内管理人が選任された場合には、集会の招集通知も国内管理人に対して行う必要があるので、選任をした区分所有者は、その旨及び国内管理人の氏名や住所等を管理者等に通知しなければならない。

④　また、専有部分が数人の共有に属する場合には、共有者の一部でも国内にいれば、その者との間で連絡を取ることは比較的容易であるため、共有者の全部が国外にいるケースを対象として規律を設けることが想定されている。

⑸　区分所有建物が全部滅失した場合における敷地等の管理の円滑化

ア　はじめに

区分所有建物が全部滅失すると、区分所有関係が消滅してしまうため、区分所有法の規定は適用されなくなってしまう。

そのため、滅失した建物の区分所有権を有していた元の区分所有者たちは、共有していた敷地利用権（所有権の場合だけでなく借地権の場合等がある）や、附属施設について集会を開いたり、規約を定めたり、管理者を置いたりすることができなくなってしまう。

民法の規律に従って処理することになるのが原則であるが、その場合、共有している敷地や附属施設の管理をするに際して、建物を再建するなどの変更行為や敷地等の売却、処分を行うためには、元の区分所有者全員の同意を要することになってしまう（民法251条）。

また、敷地等の管理に関しては、持分の価格の過半数で決め

ることができるが、区分所有法上の集会の決議の手続によることはできなくなってしまうのである。

他方、大規模な災害が発生した場合に、その災害を政令で指定することにより、「被災区分所有建物の再建等に関する特別措置法（再建特別措置法）」に定める特例措置が適用されることになる（コラム「再建特別措置法の概要」参照）。

再建特別措置法によれば、政令で指定される大規模な災害により区分所有建物の全部が滅失した場合には、敷地の共有者の集会を開き、持分の価格の5分の4以上の多数により建物の再建や敷地の売却の決議ができることとされている。

そこで、今回の改正案では、再建特別措置法を参考にして区分所有建物の全部が滅失した場合についての新たな規定を設けることが提案されている。

イ　改正案の内容

区分所有建物が全部滅失した場合に、その敷地を共有している者は、区分所有建物が全部滅失した時から5年間は、集会を開き、規約を定め、管理者を置くことができる。また、集会においては、敷地や附属施設に変更を加えること、管理に関する行為や規約の設定、変更又は廃止を行うことができ、また、通知の督促に関する規律を設けるほか、「再建決議」及び「敷地売却決議」をすることができるものとされた。

さらに、民法では、各共有者は、原則として、いつでも共有物の分割を請求することができるものとされているが（民法256条1項）、再建制度や敷地売却制度が創設された場合、それらの実現に向けて計画を進めている途中に共有物分割請求がさ

れると、再建や売却は事実上不可能になってしまうので、区分所有建物が全部滅失した時から5年間は土地等の共有物分割請求をすることができないものとされた。

3 区分所有建物の再生の円滑化を図る方策

(1) 建替え決議を円滑化するための仕組み

ア 建替え決議の多数決要件の緩和

現行法上は、区分所有者の集会において、区分所有者及び議決権の各5分の4以上の多数で、区分所有建物の建替え決議（建物を取り壊し、かつ、当該建物の敷地等に新たに建物を建築する旨の決議）を行うことができるとされている（区分所有法62条）。

しかし、多数決要件が厳格であるため、成立させることは容易ではなく、賛成を得るのには多大な労力と時間等が必要となる。また、区分所有建物が耐震性不足等により居住している区分所有者らの生命・身体・財産への危険を生ずる恐れがある場合や、大規模災害により被災した場合には、公共の福祉の観点から多数決割合を引き下げて建替えを促進する必要があると指摘されていた。

そこで、以下の提案がなされている。

基本的な多数決割合は、現行法のとおり**区分所有者及び議決権の各5分の4**以上とするが、区分所有建物につき、以下のいずれかの事由（客観的な緩和事由）が認められる場合には、多

数決割合を**区分所有者及び議決権**の各 4 分の 3 以上とする。

①　地震に対する安全性に係る建築基準法又はこれに基づく命令若しくは条例の規定に準ずるものとして政省令等で定める基準に適合していないこと

②　火災に対する安全性に係る建築基準法又はこれに基づく命令若しくは条例の規定に準ずるものとして政省令等によって定める基準に適合していないこと

③　外壁、外装材その他これらに類する建物の部分が剥離し、落下することにより周辺に危害を生ずる恐れがあるものとして、政省令等によって定める基準に該当すること

④　給水、排水その他の配管設備の損傷、腐食、その他の劣化により著しく衛生上有害となる恐れがあるものとして政省令等によって定める基準に該当すること

⑤　高齢者、障害者等の移動等の円滑化の促進に関する法律14条 5 項に規定する建築物移動等円滑化基準に準ずるものとして政省令等によって定める基準に適合していないこと（バリアフリー基準への不適合）

　上記の①〜③までの事由については、当該建物が居住者や近隣住民等の生命身体に危険を及ぼす恐れがある状態であり、建替えの円滑化を図る必要性が高い。

　上記の④と⑤の事由は、給排水管の設備や高齢者、障害者等の移動の円滑化のための設備が適切にできておらず、区分所有者の生活等に支障を生じさせるとともに、将来にわたって居住のニーズを低くし、最終的に空き家や管理不全等を生じさせるため建替えの必要性が高い（コラム「マンション建替え円滑化

法の概要」参照。①〜⑤は同法の「要除却認定」の場合と同様
であり、①〜③は「特定要除却認定」の場合と同様である）。

　なお、建替え決議については、前述した出席者の多数決によ
る決議の仕組みの対象とはしていないが、その理由は、区分所
有者が集会に出席せず議決権を行使しなかった結果として区分
所有者の区分所有権が処分されることになってしまうからであ
る。

イ　建替え決議がされた場合の賃貸借の終了等

　現行法においては、区分所有建物の建替え決議があっても、
直接的には専有部分の賃貸借関係に影響を及ぼさないと考えら
れている。

　そのため、建替え決議があっても、専有部分の賃借人が退去
しない場合には、事実上、建替えを実行することが極めて困難
になってしまうことは、よく知られているところである。

　しかし、専有部分の賃借人は、建物の管理又は使用に関し区
分所有者の共同の利益に反する行為をしてはならないし、建物
の使用方法について区分所有者が規約又は集会の決議に基づい
て負う義務と同一の義務を負い、共同利益相反行為があった場
合には、他の区分所有者等から賃貸借契約の解除等も請求され
ることがあるなど、その他の建物の賃貸借契約の場合とは異な
り、賃貸人との契約関係だけではなく、他の区分所有者との関
係においても利害調整が必要となる特別の関係に立つものであ
る。

　そこで今回の改正案では、建替え決議等があった場合には、
賃貸借契約を終了させる制度を設けることが考えられている

（「マンション建替え円滑化法」においても借家権は消滅する。コラム「マンション建替え円滑化法の概要」参照）。

具体的には以下のとおりである。

① 建替え決議があったときは、建替え決議に賛成した各区分所有者や賃貸されている専有部分の区分所有者（賃貸人）等は、専有部分の賃借人に対し、賃貸借の終了を請求することができる。

② この請求がされたときは、請求があった日から6か月の経過により賃貸借は終了する。

③ 請求がされたときは、賃貸されている専有部分の区分所有者（賃貸人）は、専有部分の賃借人に対し、賃貸借の終了により通常生ずる損失の補償金を支払わなければならない。

④ 賃借人は、賃貸借が終了したときであっても補償金の提供を受けるまでは、専有部分の明渡しを拒むことができる。

⑤ 使用貸借及び配偶者居住権による場合についても同様の規律を設けることとされている。

ただし、使用貸借の場合には、補償金の支払に関する規律は除かれる。

コラム

建替え決議があった場合の売渡し請求

マンションの建替え決議は、区分所有者及び議決権の各5分の4以上の多数で行うことができる（区分所有法62条1項）。

全員が建替え決議に賛成すればよいが、建替え決議に賛成しない者も存在する場合には、どうしたらよいのであろうか。

区分所有法63条に、そのような場合に区分所有権等の売渡し請求ができる旨の規定があり、その概要は、以下のとおりである。

① 決議があったときは、集会を招集した者は、遅滞なく建替え決議に賛成しなかった区分所有者らに対し、建替え決議の内容により建替えに参加するか否かを回答すべき旨を書面で催告しなければならない。

② 催告を受けた区分所有者らは、催告を受けた日から2か月以内に回答しなければならず、回答しなかった場合には建替えに参加しない旨を回答したものとみなされる。

③ 2か月の期間が経過したときは、建替え決議に賛成した区分所有者らは、期間の満了の日から2か月以内に、建替えに参加しない旨を回答した区分所有者らに対し、区分所有権及び敷地利用権を時価で売り渡すべきことを請求することができる。

④ 売渡し請求があると区分所有権は直ちに請求権を行使したものに移転してしまい、売買代金の支払と建物の明渡しとは同時履行の関係に立つため、建替えに参加しないものは、建替え決議後僅かな期間内であっても代金の提供がされると、それと引換えに建物の明渡しを迫られることになってしまう。

そこで一定の要件を満たす場合には、裁判所が代金の支払又は提供から1年を超えない範囲で明渡しの期限を許与することができることとされている。

ただし、その要件は厳格であり、期限の許与は、建替えに参加しない者が、建物の明渡しにより、その生活上著しい困難を生ずる恐れがあり、かつ、建替え決議の遂行に甚だしい影響を及ぼさないものと認めるべき顕著な事由がある場合に限られる。

⑵　多数決による区分所有建物の再生、区分所有関係の解消

ア　はじめに

　従来は、区分所有法上はマンションの建替え制度しかなく、大雑把に言えば、区分所有者は旧マンションを取り壊し、同じ場所に新たにマンションを建てることしかできなかった（マンションの住人は、2度引越しをすることになる）。

　今回の改正案では、再建特別措置法及びマンション建替え円滑化法を参考にして、マンションの再生等の方法として建替え以外の様々な制度が提案されている（コラム「マンション建替え円滑化法の概要」「再建特別措置法の概要」及び後掲の「集会の決議の内容と決議要件等の一覧表」（以下「一覧表」という）参照）。

イ　建物敷地売却制度

　現行法上は、区分所有建物及び敷地を一括して売却するためには、民法の原則により区分所有者全員の同意が必要となるが、区分所有者が多数存在する場合には、全員の同意を得ることは非常に困難である。

　そこで、区分所有建物の再生の円滑化を図るため、区分所有法においても、再建特別措置法及びマンション建替え円滑化法を参考にして、一定の多数決によって区分所有建物及び敷地を一括して売却することを可能にする制度（建物敷地売却制度）を設けることが提案されている（コラム「再建特別措置法の概要」及び「一覧表」参照）。

第3章 | 区分所有法の改正案

ウ 建物取壊し敷地売却制度

現行法上は、多数決によって区分所有建物を取り壊した上で敷地だけを売却することはできず、それを実現するためには民法の原則に従って区分所有者全員の同意が必要となるが、区分所有者が多数存在する場合は、全員の同意を得ることは非常に困難である。

そこで、区分所有建物の再生の円滑化のため、区分所有法においても、再建特別措置法を参考にして、一定の多数決により、区分所有建物を取り壊し、敷地部分を売却することを可能とする制度（建物取壊し敷地売却制度）を設けることが提案されている（コラム「再建特別措置法の概要」及び「一覧表」参照）。

エ 取壊し制度

現行法上は、区分所有建物の取壊しのみを多数決で実現することはできず、区分所有者全員の同意が必要となるが、区分所有者が多数存在する場合は、全員の同意を得ることは非常に困難である。

そこで、区分所有建物の再生の円滑化のため、区分所有法においても、再建特別措置法を参考にして、一定の多数決により、区分所有建物を取り壊すことを可能とする制度（取壊し制度）を設けることが提案されている（コラム「再建特別措置法の概要」及び「一覧表」参照）。

オ 再建制度

現行法上は、建物が全部滅失をした場合には、区分所有権も区分所有者の団体も消滅し、残った敷地利用権の（準）共有関

係につき民法の共有の規律が適用されることとなる。その土地上に区分所有建物を再建することは土地の形状又は効用の著しい変更を生じさせるものとなるので（民法251条1項）、敷地利用権の（準）共有者全員の同意が必要となるが、敷地共有者等が多数存在する場合は全員の同意を得ることは非常に困難である。

　そこで、区分所有建物の再生の円滑化のため、区分所有法においても、再建特別措置法を参考に、多数決により建物を再建することを可能とする制度（再建制度）を設けることが提案されている（コラム「再建特別措置法の概要」及び「一覧表」参照）。

カ　敷地売却制度

　区分所有建物が老朽化や局地的な災害等によって全部滅失をした場合には、敷地利用権の（準）共有関係が残ることになるが、敷地共有者等が、再建を希望せず、敷地全体の所有権又は借地権等を売却することを望むというケースも生じ得る。

　その場合、現行法上は、共有物の処分に当たるので、売却するためには敷地共有者等の全員の同意を得ることが必要となるが、敷地共有者等が多数存在する場合は、全員の同意を得ることは非常に困難である。

　そこで、区分所有建物の再生の円滑化を図るため、区分所有法においても、再建特別措置法を参考に、多数決により区分所有建物の敷地であった土地を売却することを可能とする制度（敷地売却制度）を設けることが提案されている（コラム「再建特別措置法の概要」及び「一覧表」参照）。

第3章｜区分所有法の改正案

　なお、建物の**取壊し決議**に基づいて取り壊された場合にも建物が全部滅失をすることになるため、この場合も敷地売却制度の対象とすることが提案されている。

　キ　建物の更新（「一覧表」参照）

　現行法上は、「一棟リノベーション工事（既存構造躯体を維持しながら、一棟全体を一旦スケルトン状態とし、玄関や配管を含めて共用部分と全ての専有部分を更新する方法）」を行うためには、共用部分の変更決議（区分所有法17条1項）に加えて、専有部分の使用・工事に関して区分所有者全員の同意を得なければならない（一棟リノベーション工事は、区分所有建物を取り壊さない工事手法であるため、建替えには当たらない）。

　そのため、一棟リノベーション工事は、建替えよりも区分所有者の負担が少ないにもかかわらず、建替えよりも要件が厳しくなっている。

　そこで、一棟リノベーション工事について、建替え決議と同様の要件の下で、多数決で行うことができる制度を設けることが提案されている。

　この方法によれば、耐震性不足等の問題がある建物でも、建替えをしなくても建物の軽量化、耐震補強をすることによって安全性を高め、その外観等を大きく転換し、設備を維持することができる。

　そして、「一棟リノベーション」について、建替え決議に代わる新たな区分所有建物の再生手法として想定されるものであること及び法制度上の観点を踏まえて、「建物の更新（建物の構造上主要な部分の効用の維持又は回復のために共用部分の形

85

状の変更をし、かつ、これに伴い全ての専有部分の形状、面積
又は位置関係の変更をすることをいう)」と定義した上で、建
替え決議と同等の多数決によりこれを可能とする制度を設ける
ことが提案されているのである。

集会の決議の内容と決議要件等の一覧表

	内容	決議要件	招集通知	説明会の開催	その他
普通決議 (39条)	集会における決議→専有部分の床面積の割合による(38条→14条)。	①区分所有者及び②議決権の各過半数(39条)(ただし、規約で別段の定めをすることができる)。 [改正案] <u>出席した区分所有者及び議決権の各過半数で足りる</u>	1)会日より少なくとも1週間前に発する(ただし、規約で別段の定めをすることができる)。 2)会議の目的たる事項を示して行う(35条1項)。 [改正案] <u>全ての決議について「議案の要領」を通知しなければならない</u>	なし	
建替え決議 (62条)	既存の区分所有建物を取り壊し、かつ建物の敷地に新たに建物を建築する。	[I]①区分所有者及び②議決権の各5分の4以上の多数(62条1項) [II][改正案] 以下の客観的な緩和事由が認められる場合には、多数決割合を区分所有者及び議決権の各4分の3以上とする。 ①生命、身体に危険の生ずる恐れがある場合 地震及び火災に対する安全性の問題や外壁、外装材その他これらに類する建物の部分が剥離し、落下することにより周辺に危害を生ず	1)会日より少なくとも2か月前に発する。ただし、この期間は規約で伸長することができる(62条4項)。 2)通知の内容(62条5項) ①議案の要領 ②建替えを必要とする理由 ③建替えをしないとした場合における建物の効用の維持又は回復をするのに要する費用の額及びその内訳 ④修繕計画がある場合にはその内容 ⑤修繕積立金の額	集会の会日の少なくとも1か月前までに区分所有者に対し説明会を開催しなければならない(62条6項)。	〈賃借権の消滅の仕組み〉 [改正案] 1)建替え決議があった場合は、決議に賛成した区分所有者や賃貸人である区分所有者等は、賃借人に対し、賃貸借の終了を請求できる。 2)請求がされたときは、賃貸借は請求があった日から6か月で終了する。

内容	決議要件	招集通知	説明会の開催	その他
	る恐れがある場合 ②生活等に支障を来す恐れがある場合 給水、排水その他の配管設備の損傷、腐食その他の劣化により著しく衛生上有害となる恐れがある場合や、高齢者、障害者等の移動等の円滑化の促進に関する法律の基準に適合していない場合 【改正案】 集会の定足数を過半数とする（ただし、規約で上回る割合を定めることができる）。			3）賃貸人は、賃借人に対し、賃貸借の終了により通常生ずる損失の補償金を支払わなければならない。 4）賃借人は補償金の支払を受けるまでは明渡しを拒むことができる。

復旧決議（61条）	内容	決議要件	招集通知	説明会の開催	その他
	建物の一部が滅失した場合の建物の復旧 [Ⅰ] 小規模一部滅失→建物の価格の2分の1以下の部分が滅失した場合 [Ⅱ] 大規模一部滅失→建物の価格の2分の1を超える部分が滅失した場	[Ⅰ] →普通決議と同じ（61条1項） [Ⅱ] →区分所有者及び議決権の各4分の3以上（61条5項） 【改正案】 [Ⅰ] →①出席した区分所有及び議決権の ②各3分の2以上 【改正案】 集会の定足数を過半数とする（た	※普通決議と同じ	なし	

	内容	決議要件	招集通知	説明会の開催	その他
	の2分の1を超える部分が滅失した場合	だし、規約で上回る割合を定められる)。			
共有部分の変更決議（17条）	共有部分の形状又は効用の著しい変更を伴うもの	1)区分所有者及び議決権の各4分の3以上（17条1項） （ただし、区分所有者の定数は規約で過半数まで減ずることができる） 【改正案】 以下の場合に出席した区分所有者及び議決権の各3分の2以上 ①共用部分の設置・保存に瑕疵があることにより、他人の権利又は法律上保護される利益が侵害され、又は侵害される恐れがある場合に、その瑕疵の除去に関して必要となる共用部分の変更 ②高齢者、障害者の移動又は施設の利用に係る身体の負担の軽減により、移動上、利用上の利便性・安全性を向上させるために必要となる共用部分の変更 【改正案】			

89

	内容	決議要件	招集通知	説明会の開催	その他
		集会の定足数を過半数とする（ただし、規約で上回る割合を定められる）。2) 共用部分の変更が専有部分の使用に特別の影響を及ぼすべきときは、その専有部分の所有者の承諾を得なければならない（17条2項）。			
建物敷地売却制度【改正案】	区分所有建物と敷地を売却する。	1) 原則　区分所有者及び議決権の各5分の4以上。2) 客観的な緩和事由がある場合　区分所有者及び議決権の各4分の3以上。※建替え決議と同じ【改正案】　集会の定足数を過半数とする（ただし、規約で上回る割合を定められる）。	1) 集会の会日より2か月前に発する。2) 通知の内容　①議案の要領　②当該行為を必要とする理由　③当該行為をしない場合における建物の効用の維持又は回復をするのに要する費用の額及び内訳　④修繕計画がある場合にはその内容と修繕積立金の額	集会の会日の1か月前までに、区分所有者及び敷地所有者に対し説明会を開催しなければならない。	賃借権の消滅の仕組み【改正案】1) 建物敷地売却決議があった場合は、決議に賛成した区分所有者や賃借人である区分所有者等は、賃借人に対し、賃貸借の終了を請求できる。2) 請求がされたときは、賃貸借は請求があった日から6か月で終了する。

	内容	決議要件	招集通知	説明会の開催	その他
建物取壊し敷地売却制度【改正案】	区分所有建物を取り壊し、かつ建物の敷地を売却する。	同上		同上	3）賃貸人は、賃借人に対し、賃貸借の終了により通常生ずる損失の補償金を支払わなければならない。 4）賃借人は補償金の支払を受けるまでは明渡しを拒むことができる。 ※建替え決議と同じ
取壊し制度【改正案】	区分所有建物を取り壊す。	同上	同上	同上	同上
再建制度【改正案】	区分所有建物の全部が滅失した場合に（①建替え決議に基づき取り壊された場合を除く。）	敷地の共有者等の議決権の各5分の4以上【改正案】 集会の定足数を過半数とする（ただし、規約で上回る割合を定めら	集会の会日より2か月前に発する。	同上	なし

91

	内容	決議要件	招集通知	説明会の開催	その他
	②取壊し決議又は区分所有者全員の同意に基づき取り壊された場合を含む）⇒滅失した区分所有建物の敷地に建物を建築する。	れる）。			
敷地売却制度[改正案]	区分所有建物の全部が滅失した場合敷地を売却する。	敷地の共有者等の議決権の各5分の4以上 [改正案] 集会の定足数を過半数とする（ただし、規約で上回る割合を定められる）。	同上。	同上。	なし
建物の更新[改正案]	建物の構造上、主要な部分の効用の維持又は回復のために共用部分の形状の変更をし、かつ、これに伴い全ての専有部分の形状、面積又は位置	1)原則 区分所有者及び議決権の各5分の4以上 2)客観的な緩和事由がある場合 区分所有者及び議決権の各4分の3以上 ※建替え決議と同じ [改正案]	1)集会の会日より2か月前に発する。 2)通知の内容 ①議案の要領 ②建物の更新を必要とする理由 ③建物の更新をしない場合における建物の効用の維持又は回復をする建物の効用の維持又は回復に要する費用及び	同上。	賃借権の消滅の仕組み [改正案] 1)建物の更新決議があった場合は、決議に賛成した区分所有者や賃貸人である区分所有者等は、賃借

内容	決議要件	招集通知	説明会の開催	その他
関係を変更する。→「一棟リノベーション工事」が可能となる。	集会の定足数を過半数とする（ただし、規約で上回る割合を定められる）。	内訳 ④修繕計画がある場合にはその内容と修繕積立金の額		人に対し、賃貸借の終了を請求できる。 2) 請求がされたときは、賃貸借は請求があった日から6か月で終了する。 3) 賃貸人は、賃借人に対し、賃貸借の終了により通常生ずる損失の補償金を支払わなければならない。 4) 賃借人は補償金の支払を受けるまでは明渡しを拒むことができる。 ※建替え決議と同じ

(出典) 筆者作成

【参考文献】

① 『基本法コンメンタール マンション法』（水本浩、遠藤浩、丸山英氣編／日本評論社）

② 『コンメンタール マンション区分所有法』（稲本洋之助、鎌野邦樹著／日本評論社）

③ 『コンメンタール マンション標準管理規約』（稲本洋之助、鎌野邦樹編著／日本評論社）

④ 『改訂版 区分所有法』（丸山英氣編／大成出版）

⑤ 『法律学講座 区分所有法』（丸山英氣著／信山社）

⑥ 『マンション法』（鎌野邦樹、山野目章夫編／有斐閣）

⑦ 『新しいマンション法』（法務省民事局参事官室編／商事法務研究会）

⑧ 『一問一答 改正マンション法』（吉田徹編著／商事法務）

⑨ 『Ｑ＆Ａマンション管理紛争解決の手引』（第一東京弁護士会司法研究委員会編／新日本法規）

⑩ 『マンションの法律Ｑ＆Ａ』（田山輝明、鎌野邦樹編／有斐閣選書）

⑪ 『要約マンション判例155』（升田純著／学陽書房）

⑫ 『マンション管理の道しるべ』（株式会社浪速管理編著／フジサンケイビジネスアイ）

⑬ 『公営住宅の遺品整理』（藤島光雄、岩本慶則編著／第一法規）

⑭ 『死後事務委任契約実務マニュアル』（東京弁護士会法友会編／新日本法規）

⑮ 『残置物の処理等に関するモデル契約条項』（国土交通省）

⑯ 『新しいマンション標準管理規約』（浅見泰司ほか著／有斐閣）

⑰ 『新マンション建替法 逐条解説・実務事例』（犬塚浩、住本靖著／商事法務）

⑱ 『概説 被災借地借家法・改正被災マンション法』（岡山忠広編著／金融財政事情研究会）

⑲ 『Evaluation 2024 No.78』（丸山英氣ほか著／プログレス）

⑳ 「マンションにおける外部管理者方式案に関するガイドライン」（国土交通省）

【資料1】関連条文

①：民法（抜粋）

（共有物の変更）
第251条 各共有者は、他の共有者の同意を得なければ、共有物に変更（その形状又は効用の著しい変更を伴わないものを除く。次項において同じ。）を加えることができない。

2 共有者が他の共有者を知ることができず、又はその所在を知ることができないときは、裁判所は、共有者の請求により、当該他の共有者以外の他の共有者の同意を得て共有物に変更を加えることができる旨の裁判をすることができる。

（共有物の分割請求）
第256条 各共有者は、いつでも共有物の分割を請求することができる。ただし、5年を超えない期間内は分割をしない旨の契約をすることを妨げない。

2 前項ただし書の契約は、更新することができる。ただし、その期間は、更新の時から5年を超えることができない。

（解除権の行使）
第540条 契約又は法律の規定により当事者の一方が解除権を有するときは、その解除は、相手方に対する意思表示によってする。

2 前項の意思表示は、撤回することができない。

（催告による解除）
第541条 当事者の一方がその債務を履行しない場合において、相手方が相当の期間を定めてその履行の催告をし、その期間内に履行がないときは、相手方は、契約の解除をすることができる。ただし、その期間を経過した時における債務の不履行がその契約及び取引上の社会通念に照らして軽微であるときは、この限りでない。

（賃借人の原状回復義務）
第621条 賃借人は、賃借物を受け取った後にこれに生じた損傷（通常の使用及び収益によって生じた賃借物の損耗並びに賃借物の経年変化を除く。以下この条において同じ。）がある場合において、賃貸借が終了したときは、その損傷を原状に復する義務を負う。ただし、その損傷が賃借人の責めに帰することができない事由によるものであるときは、この限りでない。

（事務管理）
第697条 義務なく他人のために事務の管理を始めた者（以下この章において「管理者」という。）は、その事務の性質に従い、最も本人の利益に適合する方法によって、その事務の管理（以下「事務管理」という。）をしなければならない。

2 管理者は、本人の意思を知っているとき、又はこれを推知することができるときは、その意思に従って事務管理をしなければならない。

（相続の一般的効力）
第896条 相続人は、相続開始の時から、被相続人の財産に属した一切の権利義務を承継する。ただし、被相続人の一身に専属したものは、この限りでない。

（祭祀に関する権利の承継）
第897条 系譜、祭具及び墳墓の所有権は、前条の規定にかかわらず、慣習に従っ

て祖先の祭祀を主宰すべき者が承継する。ただし、被相続人の指定に従って祖先の祭祀を主宰すべき者があるときは、その者が承継する。

2 前項本文の場合において慣習が明らかでないときは、同項の権利を承継すべき者は、家庭裁判所が定める。

(共同相続の効力)

第898条 相続人が数人あるときは、相続財産は、その共有に属する。

2 相続財産について共有に関する規定を適用するときは、第900条から第902条までの規定により算定した相続分をもって各相続人の共有持分とする。

(相続人が数人ある場合の相続財産の清算人)

第936条 相続人が数人ある場合には、家庭裁判所は、相続人の中から、相続財産の清算人を選任しなければならない。

2 前項の相続財産の清算人は、相続人のために、これに代わって、相続財産の管理及び債務の弁済に必要な一切の行為をする。

3 第926条から前条までの規定は、第1項の相続財産の清算人について準用する。この場合において、第927条第1項中「限定承認をした後5日以内」とあるのは、「その相続財産の清算人の選任があった後10日以内」と読み替えるものとする。

(相続財産の清算人の選任)

第952条 前条の場合には、家庭裁判所は、利害関係人又は検察官の請求によって、相続財産の清算人を選任しなければならない。

2 前項の規定により相続財産の清算人を選任したときは、家庭裁判所は、遅滞なく、その旨及び相続人があるならば一定の期間内にその権利を主張すべき旨を公告しなければならない。この場合において、その期間は、6箇月を下ることができない。

②：区分所有法（抜粋）

(建物の区分所有)

第1条 一棟の建物に構造上区分された数個の部分で独立して住居、店舗、事務所又は倉庫その他建物としての用途に供することができるものがあるときは、その各部分は、この法律の定めるところにより、それぞれ所有権の目的とすることができる。

(定義)

第2条 この法律において「区分所有権」とは、前条に規定する建物の部分（第4条第2項の規定により共用部分とされたものを除く。）を目的とする所有権をいう。

2 この法律において「区分所有者」とは、区分所有権を有する者をいう。

3 この法律において「専有部分」とは、区分所有権の目的たる建物の部分をいう。

4 この法律において「共用部分」とは、専有部分以外の建物の部分、専有部分に属しない建物の附属物及び第4条第2項の規定により共用部分とされた附属の建物をいう。

5 この法律において「建物の敷地」とは、建物が所在する土地及び第5条第1項

【資料1】関連条文

の規定により建物の敷地とされた土地をいう。

6　この法律において「敷地利用権」とは、専有部分を所有するための建物の敷地に関する権利をいう。

（区分所有者の団体）

第3条　区分所有者は、全員で、建物並びにその敷地及び附属施設の管理を行うための団体を構成し、この法律の定めるところにより、集会を開き、規約を定め、及び管理者を置くことができる。一部の区分所有者のみの共用に供されるべきことが明らかな共用部分（以下「一部共用部分」という。）をそれらの区分所有者が管理するときも、同様とする。

（共用部分）

第4条　数個の専有部分に通ずる廊下又は階段室その他構造上区分所有者の全員又はその一部の共用に供されるべき建物の部分は、区分所有権の目的とならないものとする。

2　第1条に規定する建物の部分及び附属の建物は、規約により共用部分とすることができる。この場合には、その旨の登記をしなければ、これをもつて第三者に対抗することができない。

（規約による建物の敷地）

第5条　区分所有者が建物及び建物が所在する土地と一体として管理又は使用をする庭、通路その他の土地は、規約により建物の敷地とすることができる。

2　建物が所在する土地が建物の一部の滅失により建物が所在する土地以外の土地となつたときは、その土地は、前項の規定により規約で建物の敷地と定められたものとみなす。建物が所在する土地の一部が分割により建物が所在する土地以外の土地となつたときも、同様とする。

（区分所有者の権利義務等）

第6条　区分所有者は、建物の保存に有害な行為その他建物の管理又は使用に関し区分所有者の共同の利益に反する行為をしてはならない。

2　区分所有者は、その専有部分又は共用部分を保存し、又は改良するため必要な範囲内において、他の区分所有者の専有部分又は自己の所有に属しない共用部分の使用を請求することができる。この場合において、他の区分所有者が損害を受けたときは、その償金を支払わなければならない。

3　第1項の規定は、区分所有者以外の専有部分の占有者（以下「占有者」という。）に準用する。

4　民法（明治29年法律第89号）第264条の8及び第264条の14の規定は、専有部分及び共用部分には適用しない。

（先取特権）

第7条　区分所有者は、共用部分、建物の敷地若しくは共用部分以外の建物の附属施設につき他の区分所有者に対して有する債権又は規約若しくは集会の決議に基づき他の区分所有者に対して有する債権について、債務者の区分所有権（共用部分に関する権利及び敷地利用権を含む。）及び建物に備え付けた動産の上に先取特権を有する。管理者又は管理組合法人がその職務又は業務を行うにつき区分所有者に対して有する債権についても、同様とする。

2　前項の先取特権は、優先権の順位及び効力については、共益費用の先取特権とみなす。

97

3　民法第319条の規定は、第1項の先取特権に準用する。

(特定承継人の責任)

第8条　前条第1項に規定する債権は、債務者たる区分所有者の特定承継人に対しても行うことができる。

(共用部分の共有関係)

第11条　共用部分は、区分所有者全員の共有に属する。ただし、一部共用部分は、これを共用すべき区分所有者の共有に属する。

2　前項の規定は、規約で別段の定めをすることを妨げない。ただし、第27条第1項の場合を除いて、区分所有者以外の者を共用部分の所有者と定めることはできない。

3　民法第177条の規定は、共用部分には適用しない。

(共用部分の持分の割合)

第14条　各共有者の持分は、その有する専有部分の床面積の割合による。

2　前項の場合において、一部共用部分（附属の建物であるものを除く。）で床面積を有するものがあるときは、その一部共用部分の床面積は、これを共用すべき各区分所有者の専有部分の床面積の割合により配分して、それぞれその区分所有者の専有部分の床面積に算入するものとする。

3　前二項の床面積は、壁その他の区画の内側線で囲まれた部分の水平投影面積による。

4　前三項の規定は、規約で別段の定めをすることを妨げない。

(共用部分の変更)

第17条　共用部分の変更（その形状又は効用の著しい変更を伴わないものを除く。）は、区分所有者及び議決権の各4分の3以上の多数による集会の決議で決する。ただし、この区分所有者の定数は、規約でその過半数まで減ずることができる。

2　前項の場合において、共用部分の変更が専有部分の使用に特別の影響を及ぼすべきときは、その専有部分の所有者の承諾を得なければならない。

(共用部分の管理)

第18条　共用部分の管理に関する事項は、前条の場合を除いて、集会の決議で決する。ただし、保存行為は、各共有者がすることができる。

2　前項の規定は、規約で別段の定めをすることを妨げない。

3　前条第2項の規定は、第1項本文の場合に準用する。

4　共用部分につき損害保険契約をすることは、共用部分の管理に関する事項とみなす。

(分離処分の禁止)

第22条　敷地利用権が数人で有する所有権その他の権利である場合には、区分所有者は、その有する専有部分とその専有部分に係る敷地利用権とを分離して処分することができない。ただし、規約に別段の定めがあるときは、この限りでない。

2　前項本文の場合において、区分所有者が数個の専有部分を所有するときは、各専有部分に係る敷地利用権の割合は、第14条第1項から第3項までに定める割合による。ただし、規約でこの割合と異なる割合が定められているときは、その割合による。

3　前二項の規定は、建物の専有部分の全部を所有する者の敷地利用権が単独で有する所有権その他の権利である場合に準用する。

【資料1】関連条文

（選任及び解任）

第25条 区分所有者は、規約に別段の定めがない限り集会の決議によつて、管理者を選任し、又は解任することができる。

2 管理者に不正な行為その他その職務を行うに適しない事情があるときは、各区分所有者は、その解任を裁判所に請求することができる。

（権限）

第26条 管理者は、共用部分並びに第21条に規定する場合における当該建物の敷地及び附属施設（次項及び第47条第6項において「共用部分等」という。）を保存し、集会の決議を実行し、並びに規約で定めた行為をする権利を有し、義務を負う。

2 管理者は、その職務に関し、区分所有者を代理する。第18条第4項（第21条において準用する場合を含む。）の規定による損害保険契約に基づく保険金額並びに共用部分等について生じた損害賠償金及び不当利得による返還金の請求及び受領についても、同様とする。

3 管理者の代理権に加えた制限は、善意の第三者に対抗することができない。

4 管理者は、規約又は集会の決議により、その職務（第2項後段に規定する事項を含む。）に関し、区分所有者のために、原告又は被告となることができる。

5 管理者は、前項の規約により原告又は被告となつたときは、遅滞なく、区分所有者にその旨を通知しなければならない。この場合には、第35条第2項から第4項までの規定を準用する。

（規約事項）

第30条 建物又はその敷地若しくは附属施設の管理又は使用に関する区分所有者相互間の事項は、この法律に定めるもののほか、規約で定めることができる。

2 一部共用部分に関する事項で区分所有者全員の利害に関係しないものは、区分所有者全員の規約に定めがある場合を除いて、これを共用すべき区分所有者の規約で定めることができる。

3 前二項に規定する規約は、専有部分若しくは共用部分又は建物の敷地若しくは附属施設（建物の敷地又は附属施設に関する権利を含む。）につき、これらの形状、面積、位置関係、使用目的及び利用状況並びに区分所有者が支払つた対価その他の事情を総合的に考慮して、区分所有者間の利害の衡平が図られるように定めなければならない。

4 第1項及び第2項の場合には、区分所有者以外の者の権利を害することができない。

5 規約は、書面又は電磁的記録（電子的方式、磁気的方式その他人の知覚によつては認識することができない方式で作られる記録であつて、電子計算機による情報処理の用に供されるものとして法務省令で定めるものをいう。以下同じ。）により、これを作成しなければならない。

（規約の設定、変更及び廃止）

第31条 規約の設定、変更又は廃止は、区分所有者及び議決権の各4分の3以上の多数による集会の決議によつてする。この場合において、規約の設定、変更又は廃止が一部の区分所有者の権利に特別の影響を及ぼすべきときは、その承諾を得なければならない。

2 前条第2項に規定する事項についての区分所有者全員の規約の設定、変更又は

廃止は、当該一部共用部分を共用すべき区分所有者の4分の1を超える者又はその議決権の4分の1を超える議決権を有する者が反対したときは、することができない。

（公正証書による規約の設定）

第32条 最初に建物の専有部分の全部を所有する者は、公正証書により、第4条第2項、第5条第1項並びに第22条第1項ただし書及び第2項ただし書（これらの規定を同条第3項において準用する場合を含む。）の規約を設定することができる。

（規約の保管及び閲覧）

第33条 規約は、管理者が保管しなければならない。ただし、管理者がないときは、建物を使用している区分所有者又はその代理人で規約又は集会の決議で定めるものが保管しなければならない。

2 前項の規定により規約を保管する者は、利害関係人の請求があつたときは、正当な理由がある場合を除いて、規約の閲覧（規約が電磁的記録で作成されているときは、当該電磁的記録に記録された情報の内容を法務省令で定める方法により表示したものの当該規約の保管場所における閲覧）を拒んではならない。

3 規約の保管場所は、建物内の見やすい場所に掲示しなければならない。

（集会の招集）

第34条 集会は、管理者が招集する。

2 管理者は、少なくとも毎年1回集会を招集しなければならない。

3 区分所有者の5分の1以上で議決権の5分の1以上を有するものは、管理者に対し、会議の目的たる事項を示して、集会の招集を請求することができる。ただし、この定数は、規約で減ずることができる。

4 前項の規定による請求がされた場合において、2週間以内にその請求の日から4週間以内の日を会日とする集会の招集の通知が発せられなかつたときは、その請求をした区分所有者は、集会を招集することができる。

5 管理者がないときは、区分所有者の5分の1以上で議決権の5分の1以上を有するものは、集会を招集することができる。ただし、この定数は、規約で減ずることができる。

（議決権）

第38条 各区分所有者の議決権は、規約に別段の定めがない限り、第14条に定める割合による。

（議事）

第39条 集会の議事は、この法律又は規約に別段の定めがない限り、区分所有者及び議決権の各過半数で決する。

2 議決権は、書面で、又は代理人によつて行使することができる。

3 区分所有者は、規約又は集会の決議により、前項の規定による書面による議決権の行使に代えて、電磁的方法（電子情報処理組織を使用する方法その他の情報通信の技術を利用する方法であつて法務省令で定めるものをいう。以下同じ。）によつて議決権を行使することができる。

（理事）

第49条 管理組合法人には、理事を置かなければならない。

2 理事が数人ある場合において、規約に別段の定めがないときは、管理組合法人

の事務は、理事の過半数で決する。

3　理事は、管理組合法人を代表する。

4　理事が数人あるときは、各自管理組合法人を代表する。

5　前項の規定は、規約若しくは集会の決議によつて、管理組合法人を代表すべき理事を定め、若しくは数人の理事が共同して管理組合法人を代表すべきことを定め、又は規約の定めに基づき理事の互選によつて管理組合法人を代表すべき理事を定めることを妨げない。

6　理事の任期は、2年とする。ただし、規約で3年以内において別段の期間を定めたときは、その期間とする。

7　理事が欠けた場合又は規約で定めた理事の員数が欠けた場合には、任期の満了又は辞任により退任した理事は、新たに選任された理事（第49条の4第1項の仮理事を含む。）が就任するまで、なおその職務を行う。

8　第25条の規定は、理事に準用する。

（共同の利益に反する行為の停止等の請求）

第57条　区分所有者が第6条第1項に規定する行為をした場合又はその行為をするおそれがある場合には、他の区分所有者の全員又は管理組合法人は、区分所有者の共同の利益のため、その行為を停止し、その行為の結果を除去し、又はその行為を予防するため必要な措置を執ることを請求することができる。

2　前項の規定に基づき訴訟を提起するには、集会の決議によらなければならない。

3　管理者又は集会において指定された区分所有者は、集会の決議により、第1項の他の区分所有者の全員のために、前項に規定する訴訟を提起することができる。

4　前三項の規定は、占有者が第6条第3項において準用する同条第1項に規定する行為をした場合及びその行為をするおそれがある場合に準用する。

（使用禁止の請求）

第58条　前条第1項に規定する場合において、第6条第1項に規定する行為による区分所有者の共同生活上の障害が著しく、前条第1項に規定する請求によつてはその障害を除去して共用部分の利用の確保その他の区分所有者の共同生活の維持を図ることが困難であるときは、他の区分所有者の全員又は管理組合法人は、集会の決議に基づき、訴えをもつて、相当の期間の当該行為に係る区分所有者による専有部分の使用の禁止を請求することができる。

2　前項の決議は、区分所有者及び議決権の各4分の3以上の多数でする。

3　第1項の決議をするには、あらかじめ、当該区分所有者に対し、弁明する機会を与えなければならない。

4　前条第3項の規定は、第1項の訴えの提起に準用する。

（区分所有権の競売の請求）

第59条　第57条第1項に規定する場合において、第6条第1項に規定する行為による区分所有者の共同生活上の障害が著しく、他の方法によつてはその障害を除去して共用部分の利用の確保その他の区分所有者の共同生活の維持を図ることが困難であるときは、他の区分所有者の全員又は管理組合法人は、集会の決議に基づき、訴えをもつて、当該行為に係る区分所有者の区分所有権及び敷地利用権の競売を請求することができる。

2　第57条第3項の規定は前項の訴えの提起に、前条第2項及び第3項の規定は前項の決議に準用する。

3　第1項の規定による判決に基づく競売の申立ては、その判決が確定した日から6月を経過したときは、することができない。

4　前項の競売においては、競売を申し立てられた区分所有者又はその者の計算において買い受けようとする者は、買受けの申出をすることができない。

（建物の一部が滅失した場合の復旧等）

第61条　建物の価格の2分の1以下に相当する部分が滅失したときは、各区分所有者は、滅失した共用部分及び自己の専有部分を復旧することができる。ただし、共用部分については、復旧の工事に着手するまでに第3項、次条第1項又は第70条第1項の決議があつたときは、この限りでない。

2　前項の規定により共用部分を復旧した者は、他の区分所有者に対し、復旧に要した金額を第14条に定める割合に応じて償還すべきことを請求することができる。

3　第1項本文に規定する場合には、集会において、滅失した共用部分を復旧する旨の決議をすることができる。

4　前三項の規定は、規約で別段の定めをすることを妨げない。

5　第1項本文に規定する場合を除いて、建物の一部が滅失したときは、集会において、区分所有者及び議決権の各4分の3以上の多数で、滅失した共用部分を復旧する旨の決議をすることができる。

6　前項の決議をした集会の議事録には、その決議についての各区分所有者の賛否をも記載し、又は記録しなければならない。

7　第5項の決議があつた場合において、その決議の日から2週間を経過したときは、次項の場合を除き、その決議に賛成した区分所有者（その承継人を含む。以下この条において「決議賛成者」という。）以外の区分所有者は、決議賛成者の全部又は一部に対し、建物及びその敷地に関する権利を時価で買い取るべきことを請求することができる。この場合において、その請求を受けた決議賛成者は、その請求の日から2月以内に、他の決議賛成者の全部又は一部に対し、決議賛成者以外の区分所有者を除いて算定した第14条に定める割合に応じて当該建物及びその敷地に関する権利を時価で買い取るべきことを請求することができる。

8　第5項の決議の日から2週間以内に、決議賛成者がその全員の合意により建物及びその敷地に関する権利を買い取ることができる者を指定し、かつ、その指定された者（以下この条において「買取指定者」という。）がその旨を決議賛成者以外の区分所有者に対して書面で通知したときは、その通知を受けた区分所有者は、買取指定者に対してのみ、前項前段に規定する請求をすることができる。

9　買取指定者は、前項の規定による書面による通知に代えて、法務省令で定めるところにより、同項の規定による通知を受けるべき区分所有者の承諾を得て、電磁的方法により買取指定者の指定がされた旨を通知することができる。この場合において、当該買取指定者は、当該書面による通知をしたものとみなす。

10　買取指定者が第7項前段に規定する請求に基づく売買の代金に係る債務の全部又は一部の弁済をしないときは、決議賛成者（買取指定者となつたものを除く。以下この項及び第15項において同じ。）は、連帯してその債務の全部又は一部の弁済の責めに任ずる。ただし、決議賛成者が買取指定者に資力があり、かつ、執

【資料1】関連条文

行が容易であることを証明したときは、この限りでない。

11 第5項の集会を招集した者（買取指定者の指定がされているときは、当該買取指定者。次項において同じ。）は、決議賛成者以外の区分所有者に対し、4月以上の期間を定めて、第7項前段に規定する請求をするか否かを確答すべき旨を書面で催告することができる。

12 第5項の集会を招集した者は、前項の規定による書面による催告に代えて、法務省令で定めるところにより、同項に規定する区分所有者の承諾を得て、電磁的方法により第7項前段に規定する請求をするか否かを確答すべき旨を催告することができる。この場合において、当該第5項の集会を招集した者は、当該書面による催告をしたものとみなす。

13 第11項に規定する催告を受けた区分所有者は、同項の規定により定められた期間を経過したときは、第7項前段に規定する請求をすることができない。

14 第5項に規定する場合において、建物の一部が滅失した日から6月以内に同項、次条第1項又は第70条第1項の決議がないときは、各区分所有者は、他の区分所有者に対し、建物及びその敷地に関する権利を時価で買い取るべきことを請求することができる。

15 第2項、第7項、第8項及び前項の場合には、裁判所は、償還若しくは買取りの請求を受けた区分所有者、買取りの請求を受けた買取指定者又は第10項本文に規定する債務について履行の請求を受けた決議賛成者の請求により、償還金又は代金の支払につき相当の期限を許与することができる。

（建替え決議）

第62条 集会においては、区分所有者及び議決権の各5分の4以上の多数で、建物を取り壊し、かつ、当該建物の敷地若しくはその一部の土地又は当該建物の敷地の全部若しくは一部を含む土地に新たに建物を建築する旨の決議（以下「建替え決議」という。）をすることができる。

2 建替え決議においては、次の事項を定めなければならない。

一 新たに建築する建物（以下この項において「再建建物」という。）の設計の概要

二 建物の取壊し及び再建建物の建築に要する費用の概算額

三 前号に規定する費用の分担に関する事項

四 再建建物の区分所有権の帰属に関する事項

3 前項第3号及び第4号の事項は、各区分所有者の衡平を害しないように定めなければならない。

4 第1項に規定する決議事項を会議の目的とする集会を招集するときは、第35条第1項の通知は、同項の規定にかかわらず、当該集会の会日より少なくとも2月前に発しなければならない。ただし、この期間は、規約で伸長することができる。

5 前項に規定する場合において、第35条第1項の通知をするときは、同条第5項に規定する議案の要領のほか、次の事項をも通知しなければならない。

一 建替えを必要とする理由

二 建物の建替えをしないとした場合における当該建物の効用の維持又は回復（建物が通常有すべき効用の確保を含む。）をするのに要する費用の額及びその内訳

三　建物の修繕に関する計画が定められているときは、当該計画の内容
　四　建物につき修繕積立金として積み立てられている金額
6　第4項の集会を招集した者は、当該集会の会日より少なくとも1月前までに、当該招集の際に通知すべき事項について区分所有者に対し説明を行うための説明会を開催しなければならない。
7　第35条第1項から第4項まで及び第36条の規定は、前項の説明会の開催について準用する。この場合において、第35条第1項ただし書中「伸縮する」とあるのは、「伸長する」と読み替えるものとする。
8　前条第6項の規定は、建替え決議をした集会の議事録について準用する。

（区分所有権等の売渡し請求等）
第63条　建替え決議があつたときは、集会を招集した者は、遅滞なく、建替え決議に賛成しなかつた区分所有者（その承継人を含む。）に対し、建替え決議の内容により建替えに参加するか否かを回答すべき旨を書面で催告しなければならない。
2　集会を招集した者は、前項の規定による書面による催告に代えて、法務省令で定めるところにより、同項に規定する区分所有者の承諾を得て、電磁的方法により建替え決議の内容により建替えに参加するか否かを回答すべき旨を催告することができる。この場合において、当該集会を招集した者は、当該書面による催告をしたものとみなす。
3　第1項に規定する区分所有者は、同項の規定による催告を受けた日から2月以内に回答しなければならない。
4　前項の期間内に回答しなかつた第1項に規定する区分所有者は、建替えに参加しない旨を回答したものとみなす。
5　第3項の期間が経過したときは、建替え決議に賛成した各区分所有者若しくは建替え決議の内容により建替えに参加する旨を回答した各区分所有者（これらの者の承継人を含む。）又はこれらの者の全員の合意により区分所有権及び敷地利用権を買い受けることができる者として指定された者（以下「買受指定者」という。）は、同項の期間の満了の日から2月以内に、建替えに参加しない旨を回答した区分所有者（その承継人を含む。）に対し、区分所有権及び敷地利用権を時価で売り渡すべきことを請求することができる。建替え決議があつた後にこの区分所有者から敷地利用権のみを取得した者（その承継人を含む。）の敷地利用権についても、同様とする。
6　前項の規定による請求があつた場合において、建替えに参加しない旨を回答した区分所有者が建物の明渡しによりその生活上著しい困難を生ずるおそれがあり、かつ、建替え決議の遂行に甚だしい影響を及ぼさないものと認めるべき顕著な事由があるときは、裁判所は、その者の請求により、代金の支払又は提供の日から1年を超えない範囲内において、建物の明渡しにつき相当の期限を許与することができる。
7　建替え決議の日から2年以内に建物の取壊しの工事に着手しない場合には、第5項の規定により区分所有権又は敷地利用権を売り渡した者は、この期間の満了の日から6月以内に、買主が支払つた代金に相当する金銭をその区分所有権又は敷地利用権を現在有する者に提供して、これらの権利を売り渡すべきことを請求することができる。ただし、建物の取壊しの工事に着手しなかつたことにつき正

【資料１】関連条文

当な理由があるときは、この限りでない。

8　前項本文の規定は、同項ただし書に規定する場合において、建物の取壊しの工事の着手を妨げる理由がなくなつた日から６月以内にその着手をしないときに準用する。この場合において、同項本文中「この期間の満了の日から６月以内に」とあるのは、「建物の取壊しの工事の着手を妨げる理由がなくなつたことを知つた日から６月又はその理由がなくなつた日から２年のいずれか早い時期までに」と読み替えるものとする。

③：再建特別措置法（抜粋）

（敷地共有者等集会等）

第２条　大規模な火災、震災その他の災害で政令で定めるものにより建物の区分所有等に関する法律（昭和37年法律第69号。以下「区分所有法」という。）第２条第３項に規定する専有部分が属する一棟の建物（以下「区分所有建物」という。）の全部が滅失した場合（その災害により区分所有建物の一部が滅失した場合（区分所有法第61条第１項本文に規定する場合を除く。以下同じ。）において、当該区分所有建物が第11条第１項の決議又は区分所有者（区分所有法第２条第２項に規定する区分所有者をいう。以下同じ。）全員の同意に基づき取り壊されたときを含む。）において、その建物に係る敷地利用権（区分所有法第２条第６項に規定する敷地利用権をいう。以下同じ。）が数人で有する所有権その他の権利であつたときは、その権利（以下「敷地共有持分等」という。）を有する者（以下「敷地共有者等」という。）は、その政令の施行の日から起算して３年が経過する日までの間は、この法律の定めるところにより、集会を開き、及び管理者を置くことができる。

（敷地共有者等が置く管理者及び敷地共有者等集会に関する区分所有法の準用等）

第３条　敷地共有者等が置く管理者及び敷地共有者等が開く集会（以下「敷地共有者等集会」という。）については区分所有法第１章第４節（第26条第５項、第27条及び第29条第１項ただし書を除く。）及び第５節（第30条から第33条まで、第34条第２項、第３項ただし書及び第５項ただし書、第35条第１項ただし書及び第４項、第37条第２項、第42条第５項、第43条、第44条、第45条第４項並びに第46条第２項を除く。）の規定を、議事録並びにこの項において準用する区分所有法第45条第１項及び第２項に規定する書面又は電磁的方法による決議に係る書面並びに同条第１項の電磁的方法による決議及び同条第２項の電磁的方法による合意が行われる場合に当該電磁的方法により作られる電磁的記録の保管及び閲覧については区分所有法第33条第１項及び第２項の規定を、それぞれ準用する。この場合において、これらの規定（区分所有法第25条第１項、第33条第１項ただし書、第34条第３項本文及び第５項本文、第35条第３項並びに第39条第１項を除く。）中「区分所有者」とあり、及び区分所有法第33条第１項ただし書中「建物を使用している区分所有者」とあるのは「敷地共有者等」と、区分所有法第25条第１項中「区分所有者」とあるのは「敷地共有者等（被災区分所有建物の再建等に関する特別措置法（平成７年法律第43号。以下「特別措置法」という。）第２条に規定する敷地共有者等をいう。以下同じ。）」と、「規約に別段の定めがない限り集会」とあるのは「敷地共有者等集会（特別措置法第３条第１項に規定する敷地共

105

有者等集会をいう。以下同じ。）」と、区分所有法第26条第1項中「共用部分並び
に第21条に規定する場合における当該建物の敷地及び附属施設（次項及び第47条
第6項において「共用部分等」という。）」とあるのは「敷地共有持分等（特別措
置法第2条に規定する敷地共有持分等をいう。以下同じ。）に係る土地」と、「集
会の決議を実行し、並びに規約で定めた行為をする」とあるのは「及び敷地共有
者等集会の決議を実行する」と、同条第2項中「第18条第4項（第21条において
準用する場合を含む。）の規定による損害保険契約に基づく保険金額並びに共用
部分等」とあるのは「敷地共有持分等に係る土地」と、同条第4項並びに区分所
有法第33条第1項ただし書及び第39条第3項中「規約又は集会」とあり、並びに
区分所有法第46条第1項中「規約及び集会」とあるのは「敷地共有者等集会」
と、区分所有法第28条中「この法律及び規約」とあり、並びに区分所有法第39条
第1項及び第45条第1項から第3項までの規定中「この法律又は規約」とあるの
は「特別措置法」と、区分所有法第29条第1項本文中「第14条に定める」とあ
り、及び区分所有法第38条中「規約に別段の定めがない限り、第14条に定める」
とあるのは「敷地共有持分等の価格の」と、区分所有法第34条第3項本文及び第
5項本文中「区分所有者の5分の1以上で議決権の5分の1以上を有するもの」
とあるのは「議決権の5分の1以上を有する敷地共有者等」と、区分所有法第35
条第2項及び第40条中「専有部分が数人の共有に属するとき」とあるのは「一の
専有部分を所有するための敷地利用権に係る敷地共有持分等を数人で有すると
き」と、区分所有法第35条第3項中「区分所有者が」とあるのは「敷地共有者等
が」と、「その場所に、これを通知しなかつたときは区分所有者の所有する専有
部分が所在する場所」とあるのは「その場所」と、同条第5項中「第17条第1
項、第31条第1項、第61条第5項、第62条第1項、第68条第1項又は第69条第7
項」とあるのは「特別措置法第4条第1項、第5条第1項、第15条第7項又は第
17条第2項」と、区分所有法第37条第3項中「前二項」とあるのは「第1項」
と、区分所有法第39条第1項中「区分所有者及び議決権の各過半数」とあるのは
「議決権の過半数」と、区分所有法第41条中「規約に別段の定めがある場合及び
別段」とあるのは「別段」と読み替えるものとする。

2　敷地共有者等集会を招集する者が敷地共有者等（前項において準用する区分所
有法第35条第3項の規定により通知を受けるべき場所を通知したものを除く。）
の所在を知ることができないときは、同条第1項の通知は、滅失した区分所有建
物に係る建物の敷地（区分所有法第2条第5項に規定する建物の敷地をいう。以
下同じ。）内の見やすい場所に掲示してすることができる。

3　前項の場合には、当該通知は、同項の規定による掲示をした時に到達したもの
とみなす。ただし、敷地共有者等集会を招集する者が当該敷地共有者等の所在を
知らないことについて過失があったときは、到達の効力を生じない。

（再建決議等）

第4条　敷地共有者等集会においては、敷地共有者等の議決権の5分の4以上の多
数で、滅失した区分所有建物に係る建物の敷地若しくはその一部の土地又は当該
建物の敷地の全部若しくは一部を含む土地に建物を建築する旨の決議（以下「再
建決議」という。）をすることができる。

2　再建決議においては、次の事項を定めなければならない。

一　新たに建築する建物（以下この項において「再建建物」という。）の設計の

【資料１】関連条文

概要

二　再建建物の建築に要する費用の概算額

三　前号に規定する費用の分担に関する事項

四　再建建物の区分所有権（区分所有法第２条第１項に規定する区分所有権をいう。第18条第３項第５号において同じ。）の帰属に関する事項

3　前項第３号及び第４号の事項は、各敷地共有者等の衡平を害しないように定めなければならない。

4　第１項に規定する決議事項を会議の目的とする敷地共有者等集会を招集するときは、前条第１項において準用する区分所有法第35条第１項本文の通知は、同項の規定にかかわらず、当該敷地共有者等集会の会日より少なくとも２月前に発しなければならない。

5　前項に規定する場合において、前条第１項において準用する区分所有法第35条第１項本文の通知をするときは、同条第５項に規定する議案の要領のほか、再建を必要とする理由をも通知しなければならない。

6　第４項の敷地共有者等集会を招集した者は、当該敷地共有者等集会の会日より少なくとも１月前までに、当該招集の際に通知すべき事項について敷地共有者等に対し説明を行うための説明会を開催しなければならない。

7　前項の説明会の開催については、前条第１項において準用する区分所有法第35条第１項本文、第２項及び第３項並びに第36条並びに前条第２項及び第３項の規定を準用する。

8　再建決議をした敷地共有者等集会の議事録には、その決議についての各敷地共有者等の賛否をも記載し、又は記録しなければならない。

9　再建決議があった場合については、区分所有法第63条第１項から第４項まで、第５項前段、第７項及び第８項並びに第64条の規定を準用する。この場合において、区分所有法第63条第１項中「区分所有者」とあるのは「敷地共有者等（被災区分所有建物の再建等に関する特別措置法（以下「特別措置法」という。）第２条に規定する敷地共有者等をいう。以下同じ。）」と、同項並びに同条第４項及び第５項前段並びに区分所有法第64条中「建替えに」とあるのは「再建に」と、区分所有法第63条第２項から第４項まで及び第５項前段並びに第64条中「区分所有者」とあるのは「敷地共有者等」と、区分所有法第63条第５項前段中「区分所有権及び敷地利用権を買い受ける」とあるのは「敷地共有持分等（特別措置法第２条に規定する敷地共有持分等をいう。以下同じ。）を買い受ける」と、「区分所有権及び敷地利用権を時価」とあるのは「敷地共有持分等を時価」と、同条第７項及び第８項中「建物の取壊しの工事」とあるのは「建物の再建の工事」と、同条第７項及び区分所有法第64条中「区分所有権又は敷地利用権」とあるのは「敷地共有持分等」と、同条中「建替えを行う」とあるのは「再建を行う」と読み替えるものとする。

（敷地売却決議等）

第５条　敷地共有者等集会においては、敷地共有者等の議決権の５分の４以上の多数で、敷地共有持分等に係る土地（これに関する権利を含む。）を売却する旨の決議（以下「敷地売却決議」という。）をすることができる。

2　敷地売却決議においては、次の事項を定めなければならない。

一　売却の相手方となるべき者の氏名又は名称

107

二　売却による代金の見込額

3　敷地売却決議については、前条第4項から第8項まで並びに区分所有法第63条第1項から第4項まで、第5項前段、第7項及び第8項並びに第64条の規定を準用する。この場合において、前条第4項中「第1項に規定する」とあるのは「次条第1項に規定する」と、同条第5項中「再建」とあるのは「売却」と、区分所有法第63条第1項中「区分所有者」とあるのは「敷地共有者等（被災区分所有建物の再建等に関する特別措置法（以下「特別措置法」という。）第2条に規定する敷地共有者等をいう。以下同じ。）」と、同項並びに同条第4項及び第5項前段並びに区分所有法第64条中「建替えに」とあるのは「売却に」と、区分所有法第63条第2項から第4項まで及び第5項前段並びに第64条中「区分所有者」とあるのは「敷地共有者等」と、区分所有法第63条第5項前段中「区分所有権及び敷地利用権を買い受ける」とあるのは「敷地共有持分等（特別措置法第2条に規定する敷地共有持分等をいう。以下同じ。）を買い受ける」と、「区分所有権及び敷地利用権を時価」とあるのは「敷地共有持分等を時価」と、同条第7項中「建物の取壊しの工事に着手しない」とあるのは「特別措置法第5条第1項に規定する敷地売却決議に基づく売買契約による敷地共有持分等に係る土地（これに関する権利を含む。）についての権利の移転（以下単に「権利の移転」という。）がない」と、同項及び区分所有法第64条中「区分所有権又は敷地利用権」とあるのは「敷地共有持分等」と、区分所有法第63条第7項ただし書中「建物の取壊しの工事に着手しなかつた」とあるのは「権利の移転がなかつた」と、同条第8項中「建物の取壊しの工事の着手」とあるのは「権利の移転」と、「その着手をしないとき」とあるのは「権利の移転がないとき」と、区分所有法第64条中「建替えを行う」とあるのは「売却を行う」と読み替えるものとする。

（敷地共有持分等に係る土地等の分割請求に関する特例）

第6条　第2条の政令で定める災害により全部が滅失した区分所有建物に係る敷地共有者等は、民法（明治29年法律第89号）第256条第1項本文（同法第264条において準用する場合を含む。）の規定にかかわらず、その政令の施行の日から起算して1月を経過する日の翌日以後当該施行の日から起算して3年を経過する日までの間は、敷地共有持分等に係る土地又はこれに関する権利について、分割の請求をすることができない。ただし、5分の1を超える議決権を有する敷地共有者等が分割の請求をする場合その他再建決議、敷地売却決議又は第18条第1項の決議をすることができないと認められる顕著な事由がある場合は、この限りでない。

2　第2条の政令で定める災害により区分所有建物の一部が滅失した場合において、当該区分所有建物が第11条第1項の決議又は区分所有者全員の同意に基づき取り壊されたときは、当該区分所有建物に係る敷地共有者等は、民法第256条第1項本文（同法第264条において準用する場合を含む。）の規定にかかわらず、その政令の施行の日から起算して3年を経過する日までの間は、敷地共有持分等に係る土地又はこれに関する権利について、分割の請求をすることができない。この場合においては、前項ただし書の規定を準用する。

（区分所有者集会の特例）

第7条　第2条の政令で定める災害により区分所有建物の一部が滅失した場合においては、区分所有者は、その政令の施行の日から起算して1年を経過する日まで

【資料1】関連条文

の間は、この法律及び区分所有法の定めるところにより、区分所有法第34条の規定による集会（以下「区分所有者集会」という。）を開くことができる。

（建物敷地売却決議等）

第9条 第7条に規定する場合において、当該区分所有建物に係る敷地利用権が数人で有する所有権その他の権利であるときは、区分所有者集会において、区分所有者、議決権及び当該敷地利用権の持分の価格の各5分の4以上の多数で、当該区分所有建物及びその敷地（これに関する権利を含む。）を売却する旨の決議（以下「建物敷地売却決議」という。）をすることができる。

2　建物敷地売却決議においては、次の事項を定めなければならない。
　一　売却の相手方となるべき者の氏名又は名称
　二　売却による代金の見込額
　三　売却によって各区分所有者が取得することができる金銭の額の算定方法に関する事項

3　前項第3号の事項は、各区分所有者の衡平を害しないように定めなければならない。

4　第1項に規定する決議事項を会議の目的とする区分所有者集会を招集するときは、区分所有法第35条第1項の通知は、同項の規定にかかわらず、当該区分所有者集会の会日より少なくとも2月前に発しなければならない。

5　前項に規定する場合において、区分所有法第35条第1項の通知をするときは、前条第5項に規定する議案の要領のほか、次の事項をも通知しなければならない。
　一　売却を必要とする理由
　二　復旧又は建替えをしない理由
　三　復旧に要する費用の概算額

6　第4項の区分所有者集会を招集した者は、当該区分所有者集会の会日より少なくとも1月前までに、当該招集の際に通知すべき事項について区分所有者に対し説明を行うための説明会を開催しなければならない。

7　前項の説明会の招集の通知その他の説明会の開催については、区分所有法第35条第1項本文及び第2項並びに第36条並びに前条第2項から第4項までの規定を準用する。

8　建物敷地売却決議をした区分所有者集会の議事録には、その決議についての各区分所有者の賛否をも記載し、又は記録しなければならない。

9　建物敷地売却決議があった場合については、区分所有法第63条第1項から第5項まで、第7項及び第8項並びに第64条の規定を準用する。この場合において、区分所有法第63条第1項、第4項及び第5項並びに第64条中「建替えに」とあるのは「売却に」と、区分所有法第63条第7項中「建物の取壊しの工事に着手しない」とあるのは「被災区分所有建物の再建等に関する特別措置法第9条第1項に規定する建物敷地売却決議に基づく売買契約による区分所有建物及びその敷地（これに関する権利を含む。）についての権利の移転（以下単に「権利の移転」という。）がない」と、同項ただし書中「建物の取壊しの工事に着手しなかつた」とあるのは「権利の移転がなかつた」と、同条第8項中「建物の取壊しの工事の着手」とあるのは「権利の移転」と、「その着手をしないとき」とあるのは「権利の移転がないとき」と、区分所有法第64条中「建替えを行う」とあるのは「売

109

却を行う」と読み替えるものとする。

（建物取壊し敷地売却決議等）

第10条　前条第1項に規定する場合においては、区分所有者集会において、区分所有者、議決権及び敷地利用権の持分の価格の各5分の4以上の多数で、当該区分所有建物を取り壊し、かつ、これに係る建物の敷地（これに関する権利を含む。次項において同じ。）を売却する旨の決議（次項及び第3項において「建物取壊し敷地売却決議」という。）をすることができる。

2　建物取壊し敷地売却決議においては、次の事項を定めなければならない。
　一　区分所有建物の取壊しに要する費用の概算額
　二　前号に規定する費用の分担に関する事項
　三　建物の敷地の売却の相手方となるべき者の氏名又は名称
　四　建物の敷地の売却による代金の見込額

3　建物取壊し敷地売却決議については、前条第3項から第8項まで並びに区分所有法第63条第1項から第5項まで、第7項及び第8項並びに第64条の規定を準用する。この場合において、前条第3項中「前項第3号」とあるのは「次条第2項第2号」と、同条第4項中「第1項に」とあるのは「次条第1項に」と、同条第5項第1号中「売却」とあるのは「区分所有建物の取壊し及びこれに係る建物の敷地（これに関する権利を含む。）の売却」と、区分所有法第63条第1項、第4項及び第5項並びに第64条中「建替えに」とあるのは「区分所有建物の取壊し及びこれに係る建物の敷地（これに関する権利を含む。）の売却に」と、同条中「及び区分所有権」とあるのは「並びに区分所有権」と、「建替えを行う」とあるのは「区分所有建物の取壊し及びこれに係る建物の敷地（これに関する権利を含む。）の売却を行う」と読み替えるものとする。

（取壊し決議等）

第11条　第7条に規定する場合においては、区分所有者集会において、区分所有者及び議決権の各5分の4以上の多数で、当該区分所有建物を取り壊す旨の決議（以下「取壊し決議」という。）をすることができる。

2　取壊し決議においては、次の事項を定めなければならない。
　一　区分所有建物の取壊しに要する費用の概算額
　二　前号に規定する費用の分担に関する事項

3　取壊し決議については、第9条第3項から第8項まで並びに区分所有法第63条第1項から第5項まで、第7項及び第8項並びに第64条の規定を準用する。この場合において、第9条第3項中「前項第3号」とあるのは「第11条第2項第2号」と、同条第4項中「第1項に」とあるのは「第11条第1項に」と、同条第5項第1号中「売却」とあるのは「取壊し」と、区分所有法第63条第1項、第4項及び第5項並びに第64条中「建替えに」とあるのは「取壊しに」と、同条中「建替えを行う」とあるのは「取壊しを行う」と読み替えるものとする。

④：マンション建替え円滑化法（抜粋）

（定義等）

第2条　この法律において、次の各号に掲げる用語の意義は、それぞれ当該各号に定めるところによる。

一　マンション　二以上の区分所有者が存する建物で人の居住の用に供する専有
部分のあるものをいう。

二　マンションの建替え　現に存する一又は二以上のマンションを除却するとと
もに、当該マンションの敷地（これに隣接する土地を含む。）にマンションを
新たに建築することをいう。

三　再建マンション　マンションの建替えにより新たに建築されたマンションを
いう。

四　マンション建替事業　この法律（第3章を除く。）で定めるところに従って
行われるマンションの建替えに関する事業及びこれに附帯する事業をいう。

五　施行者　マンション建替事業を施行する者をいう。

六　施行マンション　マンション建替事業を施行する現に存するマンションをい
う。

七　施行再建マンション　マンション建替事業の施行により建築された再建マン
ションをいう。

八　マンション敷地売却　現に存するマンション及びその敷地（マンションの敷
地利用権が借地権であるときは、その借地権）を売却することをいう。

九　マンション敷地売却事業　この法律で定めるところに従って行われるマン
ション敷地売却に関する事業をいう。

十　売却マンション　マンション敷地売却事業を実施する現に存するマンション
をいう。

十一　敷地分割　団地内建物（建物の区分所有等に関する法律（昭和37年法律第
69号。以下「区分所有法」という。）第69条第1項に規定する団地内建物をい
い、その全部又は一部がマンションであるものに限る。以下同じ。）の団地建
物所有者（区分所有法第65条に規定する団地建物所有者をいう。以下同じ。）
の共有に属する当該団地内建物の敷地又はその借地権を分割することをいう。

十二　敷地分割事業　この法律で定めるところに従って行われる敷地分割に関す
る事業をいう。

十三　分割実施敷地　敷地分割事業を実施する団地内建物の敷地をいう。

十四　区分所有権　区分所有法第2条第1項に規定する区分所有権をいう。

十五　区分所有者　区分所有法第2条第2項に規定する区分所有者をいう。

十六　専有部分　区分所有法第2条第3項に規定する専有部分をいう。

十七　共用部分　区分所有法第2条第4項に規定する共用部分をいう。

十八　マンションの敷地　マンションが所在する土地及び区分所有法第5条第1
項の規定によりマンションの敷地とされた土地をいう。

十九　敷地利用権　区分所有法第2条第6項に規定する敷地利用権をいう。

二十　借地権　建物の所有を目的とする地上権及び賃借権をいう。ただし、臨時
設備その他一時使用のため設定されたことが明らかなものを除く。

二十一　借家権　建物の賃借権（一時使用のため設定されたことが明らかなもの
を除く。以下同じ。）及び配偶者居住権をいう。

2　区分所有法第70条第1項に規定する一括建替え決議（以下単に「一括建替え決
議」という。）の内容により、団地内建物の全部を除却するとともに、同項に規
定する再建団地内敷地に同条第3項第2号に規定する再建団地内建物（その全部
又は一部がマンションであるものに限る。以下この項において「再建団地内建

物」という。）を新たに建築する場合には、現に存する団地内建物（マンションを除く。）及び新たに建築された再建団地内建物（マンションを除く。）については、マンションとみなして、この法律を適用する。

（除却の必要性に係る認定）

第102条　マンションの管理者等（区分所有法第25条第1項の規定により選任された管理者（管理者がないときは、区分所有法第34条の規定による集会（以下「区分所有者集会」という。）において指定された区分所有者）又は区分所有法第49条第1項の規定により置かれた理事をいう。第105条の2において同じ。）は、国土交通省令で定めるところにより、建築基準法（昭和25年法律第201号）第2条第35号に規定する特定行政庁（以下単に「特定行政庁」という。）に対し、当該マンションを除却する必要がある旨の認定を申請することができる。

2　特定行政庁は、前項の規定による申請があった場合において、当該申請に係るマンションが次の各号のいずれかに該当するときは、その旨の認定をするものとする。

　一　当該申請に係るマンションが地震に対する安全性に係る建築基準法又はこれに基づく命令若しくは条例の規定に準ずるものとして国土交通大臣が定める基準に適合していないと認められるとき。

　二　当該申請に係るマンションが火災に対する安全性に係る建築基準法又はこれに基づく命令若しくは条例の規定に準ずるものとして国土交通大臣が定める基準に適合していないと認められるとき。

　三　当該申請に係るマンションが外壁、外装材その他これらに類する建物の部分（第108条第6項第2号ハ(1)において「外壁等」という。）が剥離し、落下することにより周辺に危害を生ずるおそれがあるものとして国土交通大臣が定める基準に該当すると認められるとき。

　四　当該申請に係るマンションが給水、排水その他の配管設備（その改修に関する工事を行うことが著しく困難なものとして国土交通省令で定めるものに限る。）の損傷、腐食その他の劣化により著しく衛生上有害となるおそれがあるものとして国土交通大臣が定める基準に該当すると認められるとき。

　五　当該申請に係るマンションが高齢者、障害者等の移動等の円滑化の促進に関する法律（平成18年法律第91号）第14条第5項に規定する建築物移動等円滑化基準に準ずるものとして国土交通大臣が定める基準に適合していないと認められるとき。

3　第1項の認定をした特定行政庁は、速やかに、国土交通省令で定めるところにより、都道府県知事等（当該特定行政庁である都道府県知事等を除く。）にその旨を通知しなければならない。

（容積率の特例）

第105条　その敷地面積が政令で定める規模以上であるマンションのうち、要除却認定マンションに係るマンションの建替えにより新たに建築されるマンションで、特定行政庁が交通上、安全上、防火上及び衛生上支障がなく、かつ、その建ぺい率（建築面積の敷地面積に対する割合をいう。）、容積率（延べ面積の敷地面積に対する割合をいう。以下この項において同じ。）及び各部分の高さについて総合的な配慮がなされていることにより市街地の環境の整備改善に資すると認めて許可したものの容積率は、その許可の範囲内において、建築基準法第52条第1

項から第９項まで又は第57条の２第６項の規定による限度を超えるものとすることができる。

2　建築基準法第44条第２項、第92条の２、第93条第１項及び第２項、第94条並びに第95条の規定は、前項の規定による許可について準用する。

（マンション敷地売却決議）

第108条　特定要除却認定を受けた場合において、特定要除却認定マンションに係る敷地利用権が数人で有する所有権又は借地権であるときは、区分所有者集会において、区分所有者、議決権及び当該敷地利用権の持分の価格の各５分の４以上の多数で、当該特定要除却認定マンション及びその敷地（当該敷地利用権が借地権であるときは、その借地権）を売却する旨の決議（以下「マンション敷地売却決議」という。）をすることができる。

2　マンション敷地売却決議においては、次に掲げる事項を定めなければならない。

一　買受人（第120条第１項の規定により組合（第116条に規定する組合をいう。以下この号において同じ。）が設立された場合にあっては、組合から特定要除却認定マンションを買い受ける者）となるべき者の氏名又は名称

二　売却による代金の見込額

三　売却によって各区分所有者が取得することができる金銭（以下「分配金」という。）の額の算定方法に関する事項

3　前項第１号に掲げる者は、次条第１項の認定を受けた者でなければならない。

4　第２項第３号に掲げる事項は、各区分所有者の衡平を害しないように定めなければならない。

5　第１項に規定する決議事項を会議の目的とする区分所有者集会を招集するときは、区分所有法第35条第１項の通知は、同項の規定にかかわらず、当該区分所有者集会の会日より少なくとも２月前に発しなければならない。

6　前項に規定する場合において、区分所有法第35条第１項の通知をするときは、前条に規定する議案の要領のほか、次に掲げる事項をも通知しなければならない。

一　売却を必要とする理由

二　次に掲げる場合の区分に応じ、それぞれ次に定める事項

イ　特定要除却認定マンションが第102条第２項第１号に該当する場合次に掲げる事項

⑴　建築物の耐震改修の促進に関する法律（平成７年法律第123号）第２条第２項に規定する耐震改修（⑵において単に「耐震改修」という。）又はマンションの建替えをしない理由

⑵　耐震改修に要する費用の概算額

ロ　特定要除却認定マンションが第102条第２項第２号に該当する場合次に掲げる事項

⑴　火災に対する安全性の向上を目的とした改修又はマンションの建替えをしない理由

⑵　⑴の改修に要する費用の概算額

ハ　特定要除却認定マンションが第102条第２項第３号に該当する場合次に掲げる事項

⑴　外壁等の剥離及び落下の防止を目的とした改修又はマンションの建替え
　　をしない理由

　⑵　⑴の改修に要する費用の概算額

7　第5項の区分所有者集会を招集した者は、当該区分所有者集会の会日より少な
　くとも1月前までに、当該招集の際に通知すべき事項について区分所有者に対し
　説明を行うための説明会を開催しなければならない。

8　区分所有法第35条第1項から第4項まで及び第36条の規定は、前項の説明会の
　開催について準用する。この場合において、区分所有法第35条第1項ただし書中
　「伸縮する」とあるのは、「伸長する」と読み替えるものとする。

9　マンション敷地売却決議をした区分所有者集会の議事録には、その決議につい
　ての各区分所有者の賛否をも記載し、又は記録しなければならない。

10　区分所有法第63条及び第64条の規定は、マンション敷地売却決議があった場合
　について準用する。この場合において、区分所有法第63条第1項中「建替えに」
　とあるのは「マンションの建替え等の円滑化に関する法律（以下「円滑化法」と
　いう。）第2条第1項第8号に規定するマンション敷地売却（以下単に「マン
　ション敷地売却」という。）に」と、同条第4項から第6項まで及び区分所有法
　第64条中「建替えに」とあるのは「マンション敷地売却に」と、区分所有法第63
　条第7項中「建物の取壊しの工事に着手しない」とあるのは「円滑化法第108条
　第1項に規定するマンション敷地売却決議に基づく売買契約によるマンション
　（円滑化法第2条第1項第1号に規定するマンションをいう。以下同じ。）及びそ
　の敷地（マンションの敷地利用権が円滑化法第2条第1項第20号に規定する借地
　権（以下単に「借地権」という。）であるときは、その借地権。以下同じ。）につ
　いての権利の移転（円滑化法第120条第1項の規定により組合（円滑化法第116条
　に規定する組合をいう。以下同じ。）が設立された場合にあつては、円滑化法第
　149条の規定による売却マンション（円滑化法第2条第1項第10号に規定する売
　却マンションをいう。）及びその敷地の組合への帰属。以下「権利の移転等」と
　いう。）がない」と、同項ただし書中「建物の取壊しの工事に着手しなかつた」
　とあるのは「権利の移転等がなかつた」と、同条第8項中「建物の取壊しの工事
　の着手」とあるのは「権利の移転等」と、「その着手をしないとき」とあるのは
　「権利の移転等がないとき」と、区分所有法第64条中「建替えを」とあるのは
　「マンション敷地売却を」と読み替えるものとする。

⑤：民事執行法（抜粋）

（剰余を生ずる見込みのない場合等の措置）

第63条　執行裁判所は、次の各号のいずれかに該当すると認めるときは、その旨を
　差押債権者（最初の強制競売の開始決定に係る差押債権者をいう。ただし、第47
　条第6項の規定により手続を続行する旨の裁判があつたときは、その裁判を受け
　た差押債権者をいう。以下この条において同じ。）に通知しなければならない。

　一　差押債権者の債権に優先する債権（以下この条において「優先債権」とい
　　う。）がない場合において、不動産の買受可能価額が執行費用のうち共益費用
　　であるもの（以下「手続費用」という。）の見込額を超えないとき。

　二　優先債権がある場合において、不動産の買受可能価額が手続費用及び優先債

権の見込額の合計額に満たないとき。

2　差押債権者が、前項の規定による通知を受けた日から１週間以内に、優先債権がない場合にあつては手続費用の見込額を超える額、優先債権がある場合にあつては手続費用及び優先債権の見込額の合計額以上の額（以下この項において「申出額」という。）を定めて、次の各号に掲げる区分に応じ、それぞれ当該各号に定める申出及び保証の提供をしないときは、執行裁判所は、差押債権者の申立てに係る強制競売の手続を取り消さなければならない。ただし、差押債権者が、その期間内に、前項各号のいずれにも該当しないことを証明したとき、又は同項第２号に該当する場合であつて不動産の買受可能価額が手続費用の見込額を超える場合において、不動産の売却について優先債権を有する者（買受可能価額で自己の優先債権の全部の弁済を受けることができる見込みがある者を除く。）の同意を得たことを証明したときは、この限りでない。

一　差押債権者が不動産の買受人になることができる場合申出額に達する買受けの申出がないときは、自ら申出額で不動産を買い受ける旨の申出及び申出額に相当する保証の提供

二　差押債権者が不動産の買受人になることができない場合買受けの申出の額が申出額に達しないときは、申出額と買受けの申出の額との差額を負担する旨の申出及び申出額と買受可能価額との差額に相当する保証の提供

3　前項第２号の申出及び保証の提供があつた場合において、買受可能価額以上の額の買受けの申出がないときは、執行裁判所は、差押債権者の申立てに係る強制競売の手続を取り消さなければならない。

4　第２項の保証の提供は、執行裁判所に対し、最高裁判所規則で定める方法により行わなければならない。

（不動産執行の規定の準用）

第188条　第44条の規定は不動産担保権の実行について、前章第２節第１款第２目（第81条を除く。）の規定は担保不動産競売について、同款第３目の規定は担保不動産収益執行について準用する。

⑥：高齢者、障害者等の移動等の円滑化の促進に関する法律（抜粋）

（特別特定建築物の建築主等の基準適合義務等）

第14条　建築主等は、特別特定建築物の政令で定める規模以上の建築（用途の変更をして特別特定建築物にすることを含む。以下この条において同じ。）をしようとするときは、当該特別特定建築物（以下この条において「新築特別特定建築物」という。）を、移動等円滑化のために必要な建築物特定施設の構造及び配置に関する政令で定める基準（以下「建築物移動等円滑化基準」という。）に適合させなければならない。

2　建築主等は、その所有し、管理し、又は占有する新築特別特定建築物を建築物移動等円滑化基準に適合するように維持しなければならない。

3　地方公共団体は、その地方の自然的社会的条件の特殊性により、前二項の規定のみによっては、高齢者、障害者等が特定建築物を円滑に利用できるようにする目的を十分に達成することができないと認める場合においては、特別特定建築物に条例で定める特定建築物を追加し、第１項の建築の規模を条例で同項の政令で

115

定める規模未満で別に定め、又は建築物移動等円滑化基準に条例で必要な事項を
　　付加することができる。
4　前三項の規定は、建築基準法第6条第1項に規定する建築基準関係規定とみな
　　す。
5　建築主等（第1項から第3項までの規定が適用される者を除く。）は、その建
　　築をしようとし、又は所有し、管理し、若しくは占有する特別特定建築物（同項
　　の条例で定める特定建築物を含む。以下同じ。）を建築物移動等円滑化基準（同
　　項の条例で付加した事項を含む。第17条第3項第1号を除き、以下同じ。）に適
　　合させるために必要な措置を講ずるよう努めなければならない。
6　建築主等は、その所有し、管理し、又は占有する新築特別特定建築物につい
　　て、高齢者、障害者等に対し、これらの者が当該新築特別特定建築物を円滑に利
　　用するために必要となる情報を適切に提供するよう努めなければならない。
7　建築主等は、その所有し、管理し、又は占有する新築特別特定建築物の利用者
　　に対し、高齢者、障害者等が当該新築特別特定建築物における高齢者障害者等用
　　施設等を円滑に利用するために必要となる適正な配慮についての広報活動及び啓
　　発活動を行うよう努めなければならない。

【資料2】

残置物の処理等に関するモデル契約条項

（前注）

　　近時、賃貸用建物の所有者が単身の高齢者（60歳以上の者）に対して建物を賃貸することを躊躇し、そのために単身の高齢者が居住用物件を賃借しようとしても借りることができないという問題が生じている。これは、賃貸借契約の継続中に賃借人が死亡した場合に、相続人の有無や所在が分からなかったり、相続人との連絡が付かなかったりすると、賃貸借契約を終了させ、また、物件内に残された動産（残置物）を処理することが困難になるというリスク（以下「残置物リスク」という。）を賃貸人が感じていることが主な理由である。そのため、残置物リスクを軽減することが、単身の高齢者が賃貸物件に入居する機会を拡大することにつながると考えられる。

　　以下のモデル契約条項（以下「本件契約条項」と総称する。）は、単身の高齢者が住居を賃借する事案において、賃借人が死亡した場合に残置物を円滑に処理することができるようにすることで残置物リスクを軽減し、賃貸用建物の所有者の不安感を払拭することを目的とするものであり、3つのまとまりからなる。第1のまとまりは、賃借人が賃貸借契約の存続中に死亡した場合に、賃貸借契約を終了させるための代理権を受任者に授与する委任契約（以下「解除関係事務委任契約」ということがある。）の条項である。第2のまとまりは、賃貸借契約の終了後に残置物を物件から搬出して廃棄する等の事務を委託する準委任契約（以下「残置物関係事務委託契約」ということがある。）の条項である。第3のまとまりは、賃貸借契約に上記（準）委任契約に関連する条項を設けるものである。解除関係事務委任契約と残置物関係事務委託契約は委託される事務の内容が異なることから異なるまとまりとして条項案を示したが、同一の受任者との間で締結する場合には、その形式も1通の契約書として差し支えない。第3のまとまりは賃貸借契約の一部であるから、賃貸人と賃借人との間で締結される。

　　本件契約条項は、上記のとおり、残置物リスクを軽減し、賃貸用建物の所有者の不安感を払拭することを目的とするものであるが、一方で賃借人による財産の管理に一定の負担を課する面があるため、残置物リスクに対する賃貸用建物の所有者の不安感が生ずるとは考えにくい場面（例えば、個人の保証人がいる場合には、保証人に残置物の処理を期待することもできるため、一般に、残置物リスクに対する不安感は生じにくいと思われる。）で使用した場合、民法第90条や消費者契約法第10条に違反して無効となる可能性がある（最終的には個別の事案における具体的な事情を踏まえて裁判所において判断される。）。また、いうまでもないが、本件契約条項を利用するためには、賃借人及び受任者がその内容を十分に理解した上で任意に同意していることが必要である。

第1　解除関係事務委任契約のモデル契約条項

（第1の前注）

1　解除関係事務委任契約は、賃貸借契約の存続中に賃借人が死亡した場合に、合意解除の代理権、賃貸人からの解除の意思表示を受ける代理権を受任者に授与す

るものである。

2 　賃借人が死亡すると賃貸借契約上の賃借人としての地位は相続人に相続される
ため、これが解除されると相続人がその地位を失うこととなる。このように解除
関係事務委任契約に基づく代理権の行使は相続人の利害に影響するから、解除関
係事務委任契約の受任者はまずは賃借人の推定相続人のいずれかとするのが望ま
しく、その上で、推定相続人の所在が明らかでない、又は推定相続人に受任する
意思がないなど推定相続人を受任者とすることが困難な場合には、居住支援法人
や居住支援を行う社会福祉法人のような第三者を受任者とするのが望ましいと考
えられる。

　賃貸借契約の解除をめぐっては賃貸人と賃借人（の相続人）の利害が対立する
こともあり得、それにもかかわらず賃貸人に賃貸借契約の解除に関する代理権を
与えることは委任者である賃借人（の相続人）の利益を害するおそれがある。し
たがって、解除関係事務委任契約については、賃貸人を受任者とすることは避け
るべきである（賃貸人を受任者とする解除関係事務委任契約は、賃借人の利益を
一方的に害するおそれがあり、民法第90条や消費者契約法第10条に違反して無効
となる可能性がある。）。また、賃貸人から委託を受けて物件を管理している管理
業者が受任者となることについては、直ちに無効であるとはいえないものの、賃
貸人の利益を優先することなく、委任者である賃借人（の相続人）の利益のため
に誠実に対応する必要がある。

　なお、解除関係事務委任契約の委任者は賃借人であるから、賃借人がその意思
に従って受任者を選ぶべきであることはいうまでもない。

3 　残置物リスクを懸念する賃貸人は、通常は、解除関係事務委任契約が締結され
ていることを確認した上で賃貸借契約を締結するものと考えられる。このため、
賃貸借契約上、解除関係事務委任契約が締結されたことを賃貸人に対して通知す
る義務などは設けていないが、実務運用としては、賃貸人が解除関係事務委任契
約を締結した旨及び受任者の氏名・名称や連絡先などの必要事項を賃貸人に連絡
し、賃貸人がこれを確認してから賃貸借契約を締結するという運用がされること
になると考えられる。解除関係事務委任契約が解除されるなどした後に新たに同
内容の契約が締結された場合については、賃貸借契約の締結に先立って事実上そ
の通知を要求するという機会がないため、その旨を賃貸人に通知すべき旨の規定
を設けている（後記第3の第1条第2項参照）。

第1条（本賃貸借契約の解除に係る代理権）

　　**委任者は、受任者に対して、委任者を賃借人とする別紙賃貸借契約目録記載の
賃貸借契約（以下「本賃貸借契約」という。）が終了するまでに賃借人である委
任者が死亡したことを停止条件として、①本賃貸借契約を賃貸人との合意により
解除する代理権及び②本賃貸借契約を解除する旨の賃貸人の意思表示を受領する
代理権を授与する。**

（解説コメント）

1 　本賃貸借契約の賃借人である委任者が、受任者に対して、委任者の死亡時の賃
貸借契約の解除に係る代理権（賃貸人との間で合意解除をする代理権と、賃貸人
から解除の意思表示を受領する代理権）を授与する規定である。

2 　賃借人が死亡して相続人の存否や所在が明らかでない場合には、賃貸借契約を

合意解除することが合理的であっても、賃借人側にその意思表示をする者がいないため、合意解除によって賃貸借契約を終了させることができない。そこで、本条は、委任者が本賃貸借契約の存続中に死亡することを停止条件として、賃貸人との間で賃貸借契約を合意解除する代理権を受任者に授与することにより、相続人又は相続財産法人の代理人である受任者と賃貸人との合意により、賃貸借契約を解除することを可能とした。この場合の顕名は、例えば、「故【委任者の氏名】相続人代理人（賃貸借契約解除関係事務受任者）【受任者の氏名】」などとすることが考えられる。

3　合意解除のほか、賃借人が死亡して賃料が支払われないこととなった場合には、賃貸人が債務不履行を理由として賃貸借契約の解除をすることも考えられる。この場合にも、解除の意思表示を受領する者がいなければ解除の効果を発生させることができない。そこで、本条は、委任者が本賃貸借契約の存続中に死亡することを停止条件として、受任者に対し、賃貸人の解除の意思表示を受領する代理権を授与することにより、賃貸人が相続人又は相続財産法人の代理人である受任者に対して解除の意思表示をすることで解除の効力を発生させることを可能とした。この場合は賃貸人からの意思表示を受けることのみが委任事務の内容であるから、賃貸人からの意思表示があれば受領せざるを得ない。

4　解除関係事務委任契約は、受任者が委任者の死亡を知った時から6か月の経過により終了するため（第1の第3条）、この間に合意解除や賃貸人による解除権行使がされない場合（6か月経過するまでに解除の意思表示が相手方に到達することが必要である。）には、受任者の代理権は消滅する。

5　解除関係事務委任契約と残置物関係事務委託契約を同じ相手方との間で締結するのであれば、この第1と後記第2を統合した契約条項を設けることになり、本条を例えば（「本賃貸借契約」は第2の第1条において既に定義されていることからその定義部分を調整した上で）第2の第1条と第2の第2条の間に移すことが考えられる。

第2条（受任者の義務）
　　受任者は、本賃貸借契約の終了に関する委任者（委任者の地位を承継したその相続人を含む。以下この条において同じ。）の意向が知れているときはその内容、本賃貸借契約の継続を希望する委任者が目的建物の使用を必要とする事情その他一切の事情を考慮して、委任者の利益のために、本契約に基づく委任事務を処理する義務を負う。

（解説コメント）

1　解除関係事務委任契約に基づく受任者の義務に関する規定である。

2　受任者は、解除関係事務委任契約に基づき、元の委任者の信頼を受けて委任事務の処理を委任されるから、受任者が委任事務を処理するに当たっては、委任者（委任事務を処理する時点においては、元の委任者は死亡していると考えられるため、委任者の地位を承継したその相続人）の利益のために委任事務を処理する必要があり、その際には、元の委任者の意向（例えば、生前に、「子の○○が住みたいと言えば住まわせてあげてほしい」などの意向が示されることも考えられないではない。）や委任者たる地位を相続して委任者となった相続人の意向が知れている場合にはその内容や、賃貸借契約の継続を希望する相続人がいる場合

は、その相続人がどのような事情で建物の使用を必要としているのかなどを考慮する必要があると考えられる。本条はこの点を規定したものである。

第1の前注において、「管理業者が受任者となることについては、直ちに無効であるとはいえないものの、賃貸人の利益を優先させることなく、委任者である賃借人（の相続人）の利益のために誠実に対応する必要がある」旨記載したが、この解除関係事務委任契約において、管理業者が受任者であるかどうかにかかわらず受任者は本条に基づく義務を負い、委任者（その時点では、元の委任者の相続人）の利益のために委任事務を処理する必要がある。

3　解除関係事務委任契約と残置物関係事務委託契約を同じ相手方との間で締結するのであれば、この第1と後記第2を統合した契約条項を設けることになり、本条については第2の第3条と統合することが考えられる。

第3条（本契約の終了）

以下の各号に掲げる場合には、本契約は終了する。
①　本賃貸借契約が終了した場合
②　受任者が委任者の死亡を知った時から【6か月】が経過した場合
※【　】内は、当事者が具体的な事案に即して合意の内容や必要事項等を記載することを予定したものである。以下【　】及び●は同様の趣旨で用いる。

（解説コメント）
1　解除関係事務委任契約の終了に関する規定である。
2　本賃貸借契約が終了した場合には、本賃貸借契約終了に関する代理権を受任者に授与することは無意味である。この場合には、解除関係事務委任契約を存続させる意味がないため、①を終了原因とすることとした。
3　②は、例えば委任者の相続人が委任者の賃貸借契約上の地位を承継することを希望しているため、受任者が賃貸借契約の終了に関する代理権を行使しないこととした場合を想定した規定である。このような場合には終了に関する代理権を存続させる意味はないが、解除関係事務委任契約が当然に終了するわけではないため、一定の期間の経過により契約を終了させることとしたものである。この期間の起算点を「受任者が委任者の死亡を知った時」としたのは、単身の賃借人の死亡を受任者が知らないまま長期間が経過することも考えられるため、受任者が知らないうちに解除関係事務委任契約が終了していたとか、受任者が委任事務を処理している最中に契約が終了してしまったという事態が生じないようにするためである。すみ付き括弧内には、受任者が委任者の死亡を知ってから解除関係事務委任契約や残置物関係事務委託契約（第2の第11条においても同様の期間を規定するため）に基づく委任事務を処理するまでに要するであろう期間を参考に、ある程度余裕を持った期間を記載することを想定している。
4　解除関係事務委任契約と残置物関係事務委託契約を同じ相手方との間で締結するのであれば、この第1と後記第2を統合した契約条項を設けることになり、本条については第2の第11条と統合することが考えられる。

（別紙）

賃　貸　借　契　約　目　録

【資料2】

　下記賃貸人及び賃借人間の下記賃貸物件を目的物とする●年●月●日付け建物賃貸借契約

　　　　　　　　記
　賃　貸　人　　【住所、氏名】
　賃　借　人　　【住所、氏名】
　賃貸物件　　　【住所、部屋番号等】

第2　残置物関係事務委託契約のモデル契約条項

（第2の前注）

1　残置物関係事務委託契約は、賃貸借契約の存続中に賃借人が死亡した場合に、賃貸物件内に残された動産類（残置物）の廃棄や指定された送付先への送付等の事務を受任者に委託するものである。

2　残置物関係事務委託契約の受任者についても、解除関係事務委任契約と同様、①賃借人の推定相続人のいずれか、②居住支援法人、居住支援を行う社会福祉法人又は賃貸物件を管理する管理業者のような第三者が考えられる。

　　賃貸人自身を受任者にすることを避けるべきであること、管理業者は委任者である賃借人（の相続人）の利益のために誠実に対応することが求められることについては、解除関係事務委任契約と同様である。

　　また、残置物関係事務委託契約においても委任者は賃借人であるから、賃借人がその意思に従って受任者を選ぶべきであることも、解除関係事務委任契約と同様である。

3　残置物関係事務委託契約についても、解除関係事務委任契約と同様、賃貸借契約においてこの契約が締結されたことの通知義務などは設けていない。実務運用としては、賃借人が残置物関係事務委託契約を締結した旨及び受任者の氏名・名称や連絡先などの必要事項を賃貸人に連絡し、賃貸人がこれを確認した上で賃貸借契約を締結するという運用がされることになると考えられる。

第1条　（定義）

　本契約において、次の各号に掲げる用語の意義は、当該各号に定めるところによる。

① 「委任者」【賃借人の氏名・名称】をいう。

② 「受任者」【受任者の氏名・名称】をいう。

③ 「非指定残置物」　委任者が死亡した時点で後記⑨の本物件内又はその敷地内に存した動産（金銭を除く。）であって、委任者が死亡した時点で所有しており、かつ、後記④の指定残置物に該当しないものをいう。

④ 「指定残置物」　委任者が死亡した時点で後記⑨の本物件内又はその敷地内に存した動産（金銭を除く。）であって、第4条第1項の規定に従い、委任者が廃棄してはならないものとして指定したものをいう。

⑤ 「指定残置物リスト」　委任者が廃棄してはならないものとして指定した物及びその取扱方法を記載した、別紙1のリストをいう。

⑥ 「委任者死亡時通知先」【通知を希望する者の氏名・名称、住所等の連絡先】をいう。

⑦ 「本賃貸借契約」　賃貸人及び委任者の間の、別紙2賃貸借契約目録記載の賃

121

貸借契約をいう（更新された場合は更新されたものを含む。）。
⑧　「賃貸人」【賃貸人の氏名・名称】をいう。
⑨　「本物件」　本賃貸借契約の目的物である物件をいう。
（解説コメント）
1　本条は、残置物関係事務委託契約において使用される用語の意義を規定したものである。
2　①の「委任者」及び②の「受任者」は、残置物関係事務委託契約の当事者である。

前記のとおり、残置物関係事務委託契約は住居の賃貸借契約の存続中に賃借人が死亡した場合に、残置物の撤去を円滑に実現することを目的とするものであり、その賃貸借契約（⑦において「本賃貸借契約」とされる。）における賃借人が委任者となる。

3　③から⑤までは、賃貸借契約の目的である物件（⑨において「本物件」とされる。）内にある動産であって残置物関係事務委託契約に基づく廃棄等の対象となるものと対象とならないもの、これらを区別するために作成されるリストを定義するものである。

③の「非指定残置物」は、残置物関係事務委託契約によって廃棄等の事務が委託される動産である。これに該当する要件は、ⅰ委任者が死亡した時点で本物件内又はその敷地内に存する動産であること、ⅱ金銭でないこと、ⅲ委任者が死亡した時点で所有していたこと、ⅳ指定残置物に該当しないことである。残置物関係事務委託契約は賃借人の死亡後に本物件内に残された動産を処分する事務を委託するものであることから、ⅰが要件となる。敷地を含めたのは、厳密には建物の内部ではないが、敷地内に動産が残されている（例えば、駐輪場に自転車が残されているなど）可能性があるからである。委任者の死亡時を基準としたのは、死亡後に委任者の所有物が本物件内に持ち込まれることはそもそも考えにくく、仮に持ち込まれることがあったとしても委任者の意思に基づくものではないため、委任者が廃棄を希望しないものが廃棄されてしまう可能性があるからである（このような趣旨からすると、委任者が死亡前に注文し、死亡後に本物件に届けられた荷物は、委任者の意思に基づいて本物件内に持ち込まれたものであり、委任者の死亡時期や配送事情等の偶然の事由により死亡前に届けられた場合と区別する合理的理由はないため、「死亡時に存した」という要件を満たすものと扱ってよいと考えられる。）。

ⅱでは、金銭が残置されていた場合にこれを廃棄しなければならないというのは相当ではないから、金銭を除外している。金銭については、非指定残置物、指定残置物とは別の処理をすべきであると考えられるため、指定残置物等から除外した上でその処理方法について別途条項を設けている（第2の第8条）。

ⅲは、本物件内にある他人物はその所有者に返還すべきであり、委任者が廃棄等を依頼することは相当でないから、廃棄等の対象を委任者の所有物に限定したものである。したがって、非指定残置物はいずれも相続財産である。その所有権は委任者の死亡によってその相続人に移転するが、受任者は委任者としての地位を承継した相続人から委託を受けた者として、その所有物を廃棄等することになる。

ⅳは、廃棄してはならないものとして指定された指定残置物を廃棄等の対象か

ら除外するものである。

④の「指定残置物」は、廃棄ではなく、指定された送付先に送付することが委託される動産である。その要件は、ⅰ委任者が死亡した時点で本件内又はその敷地内に存した動産であること、ⅱ金銭でないこと、ⅲ指定残置物リストに記載するなどの方法により廃棄してはならないものとして指定されていることである。指定残置物には第三者の所有物（委任者の相続財産ではないもの）が含まれており、この点で非指定残置物とは異なっている。

指定残置物に指定されることが想定されるものとしては、委任者の所有物であって委任者自身が廃棄を希望しない動産及び委任者以外の者が所有する動産が考えられる。前者の例としては、例えば委任者が遺言によって相続人に相続させることとした動産、遺贈又は死因贈与した動産が考えられる。指定残置物を指定する方法は第2の第4条が定めており、リストに記載する方法や指標の貼付その他により明らかにする方法などが挙げられている。

⑤の「指定残置物リスト」は、受任者に廃棄してはならないと指示する動産を記載したリストである。その書式は別紙のとおりであり、どの動産が指定されているのかを特定した上、その処理方法を明示する必要がある。もっとも指定残置物の指定方法は指定残置物リストに記載する方法に限られないため、指定残置物がない場合はもちろん、指定残置物を指定する場合であっても、指定残置物リストを必ず作成しなければならないわけではない。

4　⑥の「委任者死亡時通知先」は、受任者が委任者の死亡を知ったときに、自分が第2の第2条各号に掲げる事務を受任していることを通知すべき相手であり（第2の第5条）、委任者の希望する通知先を記載することを想定している。通知先については、氏名／名称、住所／所在地、電話番号、メールアドレスなど、通知をするために必要な情報を記載する。委任者が通知を希望しない場合には、記載する必要はない（任意的記載事項）。

5　⑦から⑨までは、賃貸借契約に関する用語を定義するものである。

第2条（残置物処分に係る事務の委託）

　委任者は、受任者に対して、本賃貸借契約が終了するまでに委任者が死亡したことを停止条件として、次に掲げる事務を委託する。

① 第6条の規定に従い、非指定残置物を廃棄し、又は換価する事務

② 第7条の規定に従い、指定残置物を指定された送付先に送付し、換価し、又は廃棄する事務

③ 第8条の規定に従い、指定残置物又は非指定残置物の換価によって得た金銭及び本件内に存した金銭を委任者の相続人に返還する事務

（解説コメント）

　本条は、委任者から、受任者に対して、委任者の死亡時の残置物の処理に係る事務を委任する規定である。

　委任事務の内容は、非指定残置物は第2の第6条の規定に従って廃棄又は換価し、指定残置物は第2の第7条の規定に従って送付、換価又は廃棄を行い、指定残置物又は非指定残置物の換価によって得た金銭及び本件内に存した金銭は第2の第8条の規定に従って委任者の相続人に返還することである。

123

第3条（受任者の義務）
　　受任者は、残置物の処理に関する委任者（委任者の地位を承継したその相続人を含む。以下この条において同じ。）の意向が知れているときはその内容、指定残置物及び非指定残置物の性質、価値及び保存状況その他一切の事情を考慮して、委任者の利益のために、本契約に基づく委任事務を処理する義務を負う。
（解説コメント）
　　残置物関係事務委託契約に基づく受任者の義務に関する規定である。
　　受任者は、残置物関係事務委託契約に基づき、元の委任者の信頼を受けて委任事務の処理を委任されるから、受任者が委任事務を処理するに当たっては、委任者（委任事務を処理する時点においては、元の委任者は死亡していると考えられるため、委任者の地位を承継したその相続人）の利益のために委任事務を処理する必要がある。その際には、委任者の意向（元の委任者については、指定残置物の指定という形で意向が示されているため、実質的に問題になるのは委任者たる地位を相続した相続人の意向である。）が知れている場合には、その意向を考慮することが考えられる。例えば、相続人の一人が非指定残置物の一部の引取りを希望した場合には、これに応ずることが委任の本旨から許されることもある。もっとも、ここでいう「委任者の利益」は委任者全体の利益であり、たまたま指定残置物として指定されていなかった客観的価値のある動産について、複数の相続人が引取りを希望した場合には、そのいずれかに引き渡すのではなく、換価することが望ましいと考えられる。相続人の意向のほかに考慮すべき事項としては、例えば、残置物の性質、価値及び保存状況が挙げられる（例えば、残置物が指定残置物として指定されていなかった場合でも、その残置物が高い客観的価値を持つと思われる場合には、第2の第6条第1項ただし書に基づいて換価するよう努力するべきであると考えられる。）。本条はこの点を規定したものである。
　　第2の前注において、「管理業者は委任者である賃借人（の相続人）の利益のために誠実に対応することが求められることについては、解除関係事務委任契約と同様である」旨記載したが、第1の解除関係事務委任契約と同様、この残置物関係事務委託契約においても、管理業者が受任者であるかどうかにかかわらず受任者は本条に基づく義務を負い、元の委任者の相続人の利益のために委任事務を処理する必要がある。

第4条（指定残置物の指定）
1　委任者は、次に掲げる方法により、指定残置物を指定するものとする。
　①　指定残置物リストに掲載する方法
　②　廃棄してはならない物であることを示す指標を貼付するなど、当該動産が指定残置物であることを示す適宜な措置を講ずる方法
2　指定残置物を指定するに当たっては、その物を特定し、かつ、その送付先の氏名又は名称、住所又は所在地を明らかにしなければならない。
3　本物件内に委任者以外の者が所有する物が存するに至ったときは、委任者は、第1項及び第2項の規定に従い、遅滞なく、これを指定残置物として指定しなければならない。
4　委任者が、本物件又はその敷地内に存する動産を遺贈し、特定財産承継遺言をし、又は委任者の死亡によって効力を生ずる贈与をしたときは、委任者は、第1

【資料2】

項及び第2項の規定に従い、遅滞なく、その目的である動産を指定残置物として指定しなければならない。この場合において、委任者は、指定残置物の遺贈又は特定財産承継遺言について遺言執行者を指定し、又はその指定を第三者に委託したときは、その遺言執行者又は第三者をその指定残置物の送付先としなければならない。

（解説コメント）

1　本条は、委任者が指定残置物を指定するための方法を定めた規定である。

2　指定残置物は、本物件内に存する動産のうち廃棄せずに送付先に送付すべきものであるが、第2の第6条が定めるとおり、指定残置物として指定されていなければ本物件内に存する動産は原則として廃棄されるため、指定残置物は、その他の動産から明確に識別できるようにしておく必要がある。そこで、本条第1項は、指定残置物の指定の方法として、①指定残置物リストへの掲載、②指標を貼付するなど、当該動産が指定残置物であることを示す適宜な措置を講ずる方法の二つを挙げており、委任者がいずれかの方法を選択することになる。

　　指定残置物リストへの掲載については、もちろん動産を物単位で掲載する方法（別紙1の1を参照）でも差し支えないが、その方法に限らず、その他の動産から明確に識別できるようにすれば足りる。例えば、特定の金庫や容器内に保管された動産について廃棄してはならない旨をリストに掲載しておき、その金庫や容器内に動産を保管しておくこと（別紙1の2を参照）でも差し支えない。

　　指標を貼付する方法とは、動産にシールを貼ってそこに廃棄してはならない旨記載することなどであり、その他の適宜の方法とは、例えば特定の金庫や容器内に保管された動産について廃棄してはならない旨を指定残置物リストへの掲載以外の方法により（例えば、当該金庫や容器にシールを貼って、そこにその中の動産を廃棄してはならない旨記載することにより）明示した上でその金庫や容器内に動産を保管しておくことなどが考えられる。

　　指定残置物として指定する場合には、その動産を他の動産から区別できる程度に特定した上で、当該動産を廃棄してはならない旨を明確にしておくことが必要である。動産自体に指標を貼付する場合はその目的物は明確であるが、リストに掲載する場合には特定に留意する必要がある。例えば、高価なテレビを指定残置物リストに記載する場合、本物件内にテレビが1台しかない場合には単に「テレビ」と記載すれば足りるが、本物件内にある複数のテレビの一部を廃棄対象から除外する場合は、メーカー、大きさ、設置場所などの要素によっていずれのテレビを廃棄の対象から除外するのかを特定する必要がある。また、特定の金庫内に保管された動産について廃棄してはならない旨を掲載しておく場合における金庫の特定についても同様に、本物件内に金庫が1個しかない場合には単に「金庫」と記載すれば足りるが、本物件内にある複数の金庫の一部（の中にある動産）を廃棄対象から除外する場合には、メーカー、大きさ、設置場所などの要素によって特定が必要である。

3　指定残置物として特定された動産については、受任者は指定された第三者に送付することを予定しており、第2項においては、それぞれの指定残置物について送付先を明示しなければならないこととしている。明示の方法に限定はないが、指定残置物リストに掲載された場合には、当該指定残置物リストに記載がされることが想定される。他方で、動産自体に指標を貼付する場合には当該指標に送付

先を記載するなどの方法が考えられる。

4　廃棄してはならない動産としては、①委任者の所有物であって委任者自身が廃棄を希望しない動産、②委任者以外の者が所有する動産が考えられ、①として委任者が遺言によって相続人に相続させることとした動産、遺贈又は死因贈与した動産が考えられる。委任者以外の者が所有する動産や死因贈与などした動産については、廃棄してしまうと本来の所有者、受贈者等と受任者との間でトラブルが生じかねないため、第3項及び第4項前段は、他人物が本物件内に存するに至った場合や特定財産承継遺言、遺贈、死因贈与をした場合には、その目的物である動産を指定残置物として指定しなければならないこととした。第3項では、他人物が（本物件内ではない）本物件の敷地内に存するに至ることは、他人物が本物件内に存するに至る場合に比べて想定しにくいこと、（本物件内ではない）本物件の敷地内の動産については、本物件内の動産の場合に比べて賃貸人の残置物リスクに対する不安感が生じにくいと思われることから、他人物が本物件の敷地内に存するに至った場合の指定義務を規定することとはしていない。もっとも、委任者以外の者が所有する動産について、廃棄してしまうと本来の所有者と受任者との間でトラブルが生じかねないのは同様であるから、同様に委任者において指定残置物としての指定を行うという運用がされることが望ましいと考えられる。

遺贈の履行は、遺言執行者がある場合には遺言執行者のみが行うことができることとされている（民法第1012条第2項）ため、第4項後段は、委任者が指定残置物の遺贈について遺言執行者又は遺言執行者の指定を第三者に委託したときは、その者をその指定残置物の送付先にしなければならないこととした（送付先が遺言執行者等であることまで明らかにする必要はなく、単にその氏名や住所を送付先とすれば足りる。）。

なお、委任者がある動産を死因贈与したにもかかわらず指定残置物としての指定を怠った場合には、その動産は、非指定残置物に含まれることになる。受任者と受贈者の合意により廃棄せずに受贈者に引き渡すことは委任の本旨に反しないと考えられるが、受任者がこれを廃棄したとしても、これが死因贈与の対象であることを受任者が過失なく知らなかった場合は、受贈者に対する不法行為責任は生じないと考えられる。受贈者は、指定残置物としての指定を怠った委任者の相続人に対し、贈与契約上の債務の不履行に基づいて損害賠償等を請求する余地がある。

また、同様に、委任者以外の者が所有する動産であるにもかかわらず指定残置物としての指定を怠った場合には、受任者が誤ってこれを非指定残置物と誤認して廃棄してしまうことが生じ得る。もっとも、これが委任者以外の者の所有する動産であることを受任者が過失なく知らなかった場合には、所有者に対する不法行為責任は生じないと考えられる。所有者は、指定残置物としての指定を怠った委任者の相続人に対し、債務不履行又は不法行為に基づいて損害賠償等を請求する余地がある。

5　指定残置物の処理方法としては、第三者への送付以外に換価も考えられる。しかし、残置物関係事務委託契約が活用される場面である、単身の高齢者が死亡した場合においては、相続人の存否や所在が分からないことも多く、そうすると、仮に換価をしたとしても受任者は供託をするほかないが、委任者が供託されることを念頭に置いて換価を希望することは考えにくい。委任者にとって所有物を死

【資料2】

後に換価する意味があるとすれば、換価によって得られた金銭を第三者に対して取得させることにあると考えられるが、そのような第三者が存在するのであれば、当該第三者に換価を依頼することも可能であるし、第三者に金銭を取得させるために換価を行うことは賃貸借契約終了後の原状回復という残置物関係事務委託契約の目的とも整合しないと思われる。そこで、本条においては指定残置物の処理方法の選択肢として換価は挙げていない。もっとも、換価を含め第三者への送付以外の選択肢を当事者の合意によって増やすことは、もとより差し支えない。

第5条（委任者死亡時通知先への通知）
1　受任者は、委任者の死亡を知ったときは、直ちに、委任者死亡時通知先に対し、委任者が死亡した旨及び受任者が委任者から第2条各号に掲げる事務を受託している旨を通知しなければならない。
2　受任者は、廃棄（第6条第2項の規定に基づくものを除く。）、送付若しくは換価のため又は第9条第3項に基づいて本物件内又はその敷地内の動産を本物件から搬出しようとするときは、2週間前までに、委任者死亡時通知先に対してその旨を通知しなければならない。
3　委任者は、いつでも、受任者に対して書面又は電磁的記録により通知することにより、委任者死亡時通知先を変更することができる。この場合、委任者死亡時通知先の変更の効力は、当該通知が受任者に到達した時に生ずる。
（解説コメント）
1　本条は、委任者死亡時通知先への通知に関する規定である。委任者が通知先を定めなかった場合には、本条は不要である。
　　委任者死亡時通知先は、相続人との間の紛争を可及的に防止するという観点からすると、推定相続人の一人であることが望ましい。もっとも、相続人がなく、特に縁故のあった者に死因贈与などをするケースも考えられ、このような場合には死因贈与を受けた者を通知先とすることも考えられる。
2　第1項は、受任者が委任者の死亡を知った場合には、直ちにその旨を通知するとともに、自分が第2の第2条各号に掲げる事務の委託を受けていることを通知しなければならないことを規定している。また、第2項は、受任者が指定残置物及び非指定残置物を搬出しようとするときは、その2週間前までに、委任者の指定した委任者死亡時通知先に対して、その旨を通知しなければならないと規定している。
　　第2の第2条各号に掲げる事務は委任者の指示に従って指定残置物及び非指定残置物を廃棄、送付又は換価すること等を内容とするものであり、受任者の裁量の余地も小さいものではあるが、委任事務が処理される時点では既に委任者本人は死亡していることもあって、その後相続人が現れた場合などには、事実上紛争が生ずる可能性があることも否定することができない。委任者の関係者が、残置物関係事務委託契約が締結されたことや受任者が誰かなどを知らない場合もあると考えられ、本物件内から突如残置物が撤去されると、一層トラブルにつながりかねない。そこで、委任者が死亡したことを委任者が指定していた通知先に早い段階で通知されるようにするとともに、搬出に先立って改めて通知を行うことにより、事後に紛争が生ずることを可及的に防止しようとするものである。受任者

が指定残置物及び非指定残置物を本物件から搬出する場合としては、廃棄、換価、指定された送付先への送付などのためのほか、一時的に本物件以外の場所で保管するために搬出する場合もあるが、この場合を含め、搬出に先だって通知を行うこととしている（搬出前にどのような状態であったか、不当な処理がされていないかなどに関する紛争防止のため）。

搬出がされることを委任者死亡時通知先に知らせることにより、搬出の可否の確認（例えば、他人の所有物が含まれているのに指定残置物の指定が漏れている場合などに、他人物が誤って廃棄されることを防止することなどが期待される。）、処理方法についての交渉（例えば、通知先から相続人に連絡がつき、受任者による事務処理としての廃棄ではなく、相続人によって非指定残置物の引取りがされることもあり得る。）などの機会を与えることになる。

3　第3項は、委任者死亡時通知先の変更方法を定める規定である。委任者死亡時通知先は残置物関係事務委託契約締結時に指定されるが、その後の状況の変化により、委任者死亡時通知先自体を変更したり、その住所等が変更されたりすることもあり得ることから、変更の手続を設けた。

第6条（非指定残置物の取扱い）
1　**受任者は、委任者の死亡から【3か月】が経過し、かつ、本賃貸借契約が終了したときは、非指定残置物（保管に適しないものを除く。）を廃棄するものとする。ただし、受任者は、換価することができる非指定残置物については、できるだけ、換価するように努めるものとする。**
2　**受任者は、委任者が死亡したときは、非指定残置物（保管に適しないものに限る。）を廃棄するものとする。**
3　**受任者は、廃棄若しくは換価のため又は第9条第3項に基づき非指定残置物を本物件から搬出する場合は、搬出するに当たって、第三者（賃貸人、本物件に係る管理会社又は本物件に係る仲介業者等を含む。）の立会いの下、非指定残置物の状況を確認・記録しなければならない。**

（解説コメント）
1　本条は、非指定残置物の取扱いについて定める規定である。
2　第1項は、非指定残置物のうち保管に適したものの取扱いに関する規定である。

第2の第5条の解説コメント記載のとおり、残置物の処理に関して事後的に紛争が生ずる可能性があることも否定することができないことから、これを可及的に防止するため、委任者の死亡から非指定残置物を廃棄等するまでに一定の期間をおくこととした。この期間は、仮に3か月としているが、具体的な契約においては実情に応じて当事者において合意によって定めることになる。もっとも、上記のような趣旨に照らし、3か月を下回る期間を定めることは避けるべきである。

非指定残置物の廃棄等を行うのは、死亡から3か月が経過しているだけでなく、本賃貸借契約が終了している場合である。賃貸借契約が終了していない時点では、この賃貸借契約が相続人に承継される可能性が残っており、その場合には残置物が必要となる可能性がある（例えば家電など）からである。また、賃貸借契約が終了していなければ賃料も発生するため、残置物が存置されていても賃貸

【資料２】

人の被る損害は小さい。

　保管すべき３か月の期間の起算点は死亡時であるから、死亡から３か月が経過していれば、本賃貸借契約終了後直ちに廃棄等に着手することができる。

3　非指定残置物の処理に当たっては、非指定残置物のうち、その価値等に照らして、廃棄することが適切でないと思われる物（例えば、高価な宝石や衣服など）を受任者が発見することも考えられる。このような場合にも、指定残置物として指定されていなければ、受任者としては廃棄して差し支えないのが原則である。もっとも、高価品などを一つ一つ指定残置物として指定することは煩瑣である場合もあるため、指定しなかったことによる不利益を直ちに委任者（の相続人）に負担させることは相当でないともいえる。また、委任者が指定残置物として指定することを失念したということも考えられ、高額な動産を廃棄することがその意思に反することも考えられる。そこで、第１項ただし書は、指定残置物として指定されていないものであっても、換価することができるものはできるだけ換価するという努力義務を受任者に課すこととした。「換価することができる」とは、換価によって得られる金額が換価のための費用を上回ることであるが、この義務が努力義務であることからすると、どんなに少額であっても換価代金が費用を上回る限り換価しなければ債務不履行になるとはいえない。また、できるだけ高く換価する処分先を探索するまでの義務があるわけでもなく、一般的なリサイクル業者等に換価の可否を査定してもらうなどのように、取引通念からみて相当な方法で換価するという実務が考えられる。物件内の動産全体を見積もってもらい、換価できるものは換価し、廃棄するものも含めて引き取ってもらうというような実務も考えられる。

　なお、受任者は非指定残置物の廃棄等の事務を受任したに過ぎず、その所有権を取得するものではないから、換価して得られた代金を取得することはできず、委任者の相続人に対して返還する義務を負う（第２の第８条）。

　また、廃棄に着手するまでに相続人や利害関係者が現れ、非指定残置物の引取りを希望することも考えられる。受任者は非指定残置物の廃棄等の事務を履行する債務を負っているが、委任者が無価値と判断して廃棄等を委任したものであるから、その引取りを希望する者に対して交付することは、必ずしも委任の本旨に反しないものと考えられる（当該委任者が無価値と判断して廃棄等を委任したものを第三者に交付することによっても、受任者の義務は履行されたものと考えられる。）。もっとも、明らかに換価し得るものを第三者に交付してしまうことは、第１項ただし書との関係で問題がある。したがって、一般論としては、第三者に交付するとしても、客観的な価値は小さいがその第三者が主観的価値を見いだしているものを社会通念の範囲内で交付することに限られる（いわゆる形見分けのようなもの）。また、高額なものが指定残置物として指定されていないことを奇貨として受任者自身がこれを引き取ることは、第１項ただし書との関係で問題がある。

　なお、廃棄物の処理及び清掃に関する法律上、非指定残置物の中に同法にいう「廃棄物」が含まれる場合において、受任者がその収集・運搬・処分をリサイクル業者等に委託するときは、原則として当該リサイクル業者等に同法に規定する廃棄物処理業に係る許可が必要である（この場合、処理に当たっては、同法施行令に規定する処理基準に従わなければならない）ことに留意が必要である。他方

で、受任者自身が収集・運搬・処分を行う場合には、当該許可は不要であると考えられる。

4　第2項は、非指定残置物のうち保管に適しないものの取扱いに関する規定である。食料品など3か月間保管することができないものがこれに当たる。これについては、委任者が死亡したときは、直ちに廃棄することができることとしている。第2項の対象になる非指定残置物の性質上、委任者死亡時通知先に通知する時間的余裕がないと考えられること、高額なものは少ないと考えられることから、通知先への通知や換価の努力義務は定めていない。

5　第3項は、受任者が、第三者の立会いの下、搬出前の非指定残置物の状況を確認・記録すべき旨を規定している。本物件内にどのような動産があったか、その処分方法が適切であったかなどを巡ってその後紛争が生ずることもあり得ることから、これに備えて廃棄等・搬出前の状況を確認・記録することとしたものである。この確認・記録は、例えば、写真撮影等によることが考えられる。立ち会う第三者としては、相続人、委任者死亡時通知先などが考えられるが、上記の趣旨に照らして、括弧書きのとおり、賃貸人や管理会社、仲介業者等が当該第三者となることが妨げられるわけではない。

第7条（指定残置物の取扱い）

1　受任者は、本賃貸借契約が終了したときは、指定残置物を、指定された第三者に対して、受任者の選択する方法により、送付するものとする。ただし、指定された第三者の行方不明その他の理由により当該第三者に対して指定残置物を送付することが不可能又は困難である場合には、受任者が選択する者に売却する方法により当該指定残置物を換価することができ、当該指定残置物の性質その他の理由により換価が不可能又は困難である場合には、当該指定残置物を廃棄することができる。

2　第1項ただし書に基づく換価又は廃棄は、委任者の死亡から【3か月】が経過し、かつ、賃貸借契約が終了した後でなければ、することができない。

3　受任者は、送付、換価若しくは廃棄のため又は第9条第3項に基づき指定残置物を本物件から搬出する場合は、搬出するに当たって、第三者（賃貸人、本物件に係る管理会社又は本物件に係る仲介業者等を含む。）の立会いの下、指定残置物の状況を確認・記録しなければならない。

（解説コメント）

1　指定残置物の取扱いの方法を定める規定である。

2　第1項は、指定残置物リスト等において第三者への送付が指定されている物について、原則として、当該リスト等において指定された第三者に対して、受任者が選択する方法（例えば、国内であれば郵便や宅配便、海外であればクーリエや国際宅配便などが考えられる。）により送付する旨を定めている。もっとも、当該リスト等において指定された第三者に送付したところ転居していて転居先が判明しないとか、既に死亡している、受領を拒否されたなど、当該第三者への送付が不可能・困難な場合も考えられる。このような場合には、直ちに廃棄をすることも考えられるが、委任者が一定の価値を認めて廃棄を望まなかった物であるから、一定期間経過後に受任者において換価を行うことができることとした。また、主観的な価値はあるが客観的には価値の乏しい物などのように、これを換価

【資料2】

する市場がなく換価が不可能な場合や、買取りを希望する者が存在しないとまで
はいえないものの、希望者を募るのに著しい手間を要する場合などのように換価
が困難な場合もあり得る。このような場合には、受任者は指定残置物を廃棄する
ことができるものとした。実務的には、リサイクル業者等に見積もりを依頼し、
換価が不可能である場合には廃棄してよいと考えられる（廃棄をする指定残置物
の中に廃棄物の処理及び清掃に関する法律にいう「廃棄物」が含まれる場合にお
いて、受任者がその収集・運搬・処分をリサイクル業者等に委託するときは、原
則として当該リサイクル業者等に同法に規定する廃棄物処理業に係る許可が必要
である（この場合、処理に当たっては、同法施行令に規定する処理基準に従わな
ければならない）等の点は、第6条の解説コメントにおいて述べたのと同様であ
る。）。

　換価や廃棄をするまでに当該第三者の所在等を探索しなければならないかも問
題となるが、指定残置物の送付先は委任者が指定残置物リスト等に明示しておく
べき事柄であるから、受任者にその探索義務まで負わせるのは相当でない。例え
ば当該第三者が転居していたために送付先から残置物が返送されてきた場合に
は、原則として受任者としてはそれ以上の探索を行うことなく、換価を行うこと
ができると考えられる。

3　第2項は、第2の第6条第1項と同様の趣旨から、換価又は廃棄は委任者の死
亡後3か月経過後かつ本賃貸借契約終了後でなければ、することができないこと
とするものである。

4　第3項は、第2の第6条第3項と同様の趣旨から、受任者が、第三者の立会い
の下、搬出前の指定残置物の状況を確認・記録すべき旨を規定している。

第8条（金銭の取扱い）

　受任者は、第6条第1項ただし書又は第7条第1項ただし書に基づいて指定残
置物又は非指定残置物を換価したとき及び本物件内に金銭があったときは、第2
条第1号及び第2号に掲げる事務の終了後遅滞なく、換価によって得た金銭及び
本物件内にあった金銭を委任者の相続人に返還するものとする。

（解説コメント）

　本条は、受任者が指定残置物又は非指定残置物を換価した場合に得た金銭、本
物件内に金銭があった場合の当該金銭の取扱いについて規定したものである。本
物件内に残されていた金銭は指定残置物にも非指定残置物にも該当しないから、
これらとは別に、金銭を対象とする返還事務を委託することとしている。いずれ
も委任者の相続人に返還するものとしているが、第2の第6条第1項ただし書に
基づいて換価して得た金銭は「委任事務を処理するに当たって受け取った金銭」
（民法第646条第1項前段）であるから、これを委任者の相続人に返還するのは、
同法第656条において準用する同法第646条第1項前段を確認したものである。

　他方、第2の第7条第1項ただし書に基づいて換価した代金についても同様に
「委任事務を処理するに当たって受け取った金銭」にあたるが、もともとは第三
者に送付しようとしていた物の価値代替物であるから、送付先の第三者に換価し
た代金を送付することも考えられる。しかし、委任者が当該第三者への送付を委
託したのはあくまでこれが動産であることを前提としたものであることが多いと
考えられるし、当該第三者の所在が判明していて受領してくれることを前提とし

131

たものであると考えられるから、これらの前提がいずれも満たされなくなった場合には、代金を当該第三者へ送付するのではなく、いったん委任者（の相続人）に返還させることとした。本条は、このような考え方に基づいて、第2の第7条第1項ただし書に基づく換価によって得られた代金については、これを委任者の相続人に支払うべきことを明確化する意味がある。もっとも、この点については当事者の合意内容によって、当該第三者への送付を委託することも可能である。

　なお、いずれについても相続人の存否や所在が明らかでなく、受任者がこれを過失なく知ることができないときは、供託することになると考えられる。

第9条（受任者の権限）

1　受任者は、委任者の死亡後、第2条各号に掲げる事務を処理するため、本物件内に立ち入ることができる。

2　受任者は、第1項に基づいて本物件内に立ち入るために必要があるときは、賃貸人に協力を求めることができる。

3　受任者は、第2条各号に掲げる事務の処理に当たって、本物件内又はその敷地内の動産を本物件又はその敷地から搬出し、本物件又はその敷地以外の場所に保管することができる。

（解説コメント）

1　受任者が残置物関係事務委託契約に基づく事務を処理するに当たり有する権限を定める規定である。

2　第1項及び第2項は、賃貸物件への立入りに関する規定である。賃貸物件内に残置された物の廃棄等を行うためには賃貸物件への立入りが必要となるから、第1項において、受任者は物件内に立ち入ることができることを規定するとともに、賃貸物件の入口は施錠されていることが想定されるから、第2項において、賃貸人に協力（具体的には、賃貸人が保有するマスターキーによる開錠などが想定される。）を求めることができると規定している。

3　第3項は、非指定残置物等に該当するかどうかにかかわらず、本物件内又は本物件の敷地内の動産を本物件又はその敷地から搬出し、別の場所に保管することができる旨を確認した規定である。廃棄等を行うことができるようになるのが死亡から3か月を経過した後であり、それまで受任者は残置物を保管しなければならないから、例えば、倉庫やトランクルームなどにおいて残置物を保管することを想定したものである。賃貸物件内の残置物を賃貸物件内に保管したままとすると、賃貸人としては賃貸物件を賃借人以外の者に賃貸することができない。また、賃借人の相続人としても、保管が継続する間賃料（あるいは賃料相当額の損害賠償・不当利得）の負担が生ずる一方、保管場所の移転によっては特段の不利益は生じない。そのため、賃貸物件以外に適切な保管場所が存在するのであれば、残置物を賃貸物件から搬出し、他の場所に保管することが望ましいと考えられる。

　残置物をいったん搬出して保管し、委任者の死後3か月が経過したために廃棄する際には、改めての第2の第5条に基づく通知や第2の第6条第3項に基づく第三者の立会いは不要である。これらは、賃貸物件内にどのような残置物があり、それらがどのような状態であったかを確認する機会を設けるためのものであり、搬出時にこの機会が設けられていれば足りるからである。

【資料2】

第10条（委任事務処理費用）
1 　受任者は、本契約に基づく委任事務を処理するのに必要と認められる費用を支出したときは、委任者の相続人に対し、その費用及びその支出の日以後における利息の償還を請求することができる。
2 　受任者は、指定残置物又は非指定残置物の換価を行った場合及び本物件内に金銭が存した場合にあっては、委任者の相続人に対し、換価によって得た額及び本物件内に存した金銭の合計額を第1項の費用及び利息に充当した上で残額を返還することができるものとする。
（解説コメント）
1 　残置物関係事務委託契約に基づく委任事務の処理に当たり、受任者が負担した処分費用に関する規定である。
2 　第1項は、民法第656条が準用する第650条第1項の内容を確認的に規定したものである。
3 　第2項は、指定残置物又は非指定残置物を換価した場合及び本物件内に金銭が存した場合は、換価によって得た金額及び本物件内に存した金銭の合計額から費用を控除することができることとしている。
4 　受任者は、委任者の相続人に対し、委任事務を処理するために支出した費用及び利息の償還を請求することになるが、相続人の有無や所在が明らかでない場合など、発生した費用及び利息を委任事務の終了後に回収することが困難である場合もあり得る。
　　このような場合に備えて、例えば、賃貸借契約において、「賃貸人は、残置物関係事務委託契約に基づく賃借人の相続人の費用及び利息の償還債務を第三者弁済することができるものとし、賃借人はこれに同意する」という確認規定を置いた上で、「賃貸人が当該規定に基づき残置物関係事務委託契約に基づく賃借人の相続人の費用及び利息の償還債務を第三者弁済した場合には、当該第三者弁済により発生した賃借人の相続人に対する求償権の弁済に敷金を充てることができ、目的物件の明渡し時に当該求償権が発生している場合には、当該求償権の額を敷金から差し引いた額を返還することができる」という規定を置く方法が考え得る。これに加えて、充当できる敷金が求償権の全部に満たない場合に備えて、別途、求償権（のうち敷金から充てることができなかった部分）を被保証債権とする保証契約を締結しておくという対応も考え得るが、いずれにせよ、委任者及び受任者との間で、委任事務処理の方法や方向性について十分に意思疎通を図っておく必要があることはいうまでもない。

第11条（本契約の終了）
　　以下の各号に掲げる場合には、本契約は終了する。
① 　本賃貸借契約が終了した時に委任者が死亡していない場合
② 　受任者が委任者の死亡を知った時から【6か月】が経過するまでに本賃貸借契約が終了しなかった場合
（解説コメント）
1 　残置物関係事務委託契約の終了に関する規定である。
2 　①は、賃貸借契約が終了した時に委任者が死亡していない場合には、委任者自身が残置物の処理を含む賃貸物件の明渡しを行うことが可能であり、残置物関係

133

事務委託契約を存続させる理由がないことから、これを終了事由としたものである。

3　②は、例えば委任者の相続人が委任者の賃貸借契約上の地位を承継し、引き続き賃借し続ける意思がある場合には、委任者の死亡との関係では残置物関係事務委託契約を存続させる必要がないこととなるから、第1の第3条第2号に基づき解除関係事務委託契約が終了するまでの一定期間の間に賃貸借契約の解除がされない場合には、残置物関係事務委託契約が終了すると規定したものである。この点については、委任者の相続人が賃貸借契約上の地位を承継するのであれば、当該相続人の死亡時に備えて、相続によって当該相続人に残置物関係事務委託契約上の地位もあわせて承継させることも考えられるが、相続の対象としてしまうと、理論的にはこれらの地位が別個に相続されてしまう可能性もある（例えば、遺産分割協議において賃貸借契約上の地位については相続人の一人が承継すると規定したものの、残置物関係事務委託契約上の地位については規定がされなかった場合には、残置物関係事務委託契約上の地位については相続人が共有することになると考えられる。）。そこで、上記②の場合にはいったん残置物関係事務委託契約は終了することとした。本賃貸借契約の賃借人の地位を承継した者は、後記第3の第1条に基づき新たに残置物関係事務委託契約を締結するように努めなければならない。

（別紙1）

指 定 残 置 物 リ ス ト

1　指定残置物　　　【ピアノ（●●社製）】
　　現在の所在場所　【居間】
　　所有者　　　　　【委任者】
　　送付先　　　　　【氏名、住所など】
　　備考　　　　　　【上記送付先に死因贈与したもの】
2　指定残置物　　　【金庫（●●社製）内にある一切の物】
　　現在の所在場所　【居間】
　　所有者　　　　　【委任者】
　　送付先　　　　　【氏名、住所など】
　　備考　　　　　　【上記送付先に死因贈与したもの】
3　……

（別紙2）

賃 貸 借 契 約 目 録

下記賃貸人及び賃借人間の下記賃貸物件を目的物とする●年●月●日付け建物賃貸借契約

　　　　　　　　記
　　賃 貸 人　　　【住所、氏名】
　　賃 借 人　　　【住所、氏名】
　　賃貸物件　　　【住所、部屋番号等】

【資料2】

第3 賃貸借契約におけるモデル契約条項

第1条（残置物の処理に関する契約が解除された場合の措置）
1 別紙契約目録記載1の委任契約（以下「解除関係事務委任契約」という。）又は別紙契約目録記載2の準委任契約（以下「残置物関係事務委託契約」という。）が本契約の終了までに終了した場合には、賃借人は、速やかに、終了した解除関係事務委任契約又は残置物関係事務委託契約（以下この項において「終了した契約」という。）と同内容の契約を新たに締結するように努めるものとする。ただし、既に賃借人が終了した契約と同内容の契約を締結しているときは、この限りでない。
2 賃借人は、解除関係事務委任契約又は残置物関係事務委託契約のいずれかが終了した場合及びこれらと同内容の契約を新たに締結したときは、賃貸人に対してその旨を書面又は電磁的記録により通知しなければならない。
（解説コメント）
1 賃貸借契約の存続中に解除関係事務委任契約や残置物関係事務委託契約が終了した場合には、賃借人において、速やかに同内容の契約を新たに締結するように努める義務を定めるものである。もっとも、既に同内容の契約が締結されている場合には、これに加えて新たに同内容の契約を締結する必要はない。そこで、ただし書はこの場合を除外している。
　　新たに締結する契約の相手方は、従来の受任者とは異なる者であることが多いと考えられるが、同じ者でも差し支えない（相続人が賃貸借契約を承継することとし、受任者が旧賃借人の死亡を知った時から6か月の経過によって解除関係事務委任契約等が終了する場合は、同じ者との間で同内容の契約が締結されることが多いと考えられる。）。
2 第2項は、解除関係事務委任契約等が終了した場合、新たに締結された場合には、これらの契約の委任者となる賃借人は賃貸人にその旨を通知しなければならないこととするものである。賃借人が死亡した場合には、賃貸人は賃借人の死亡を知ったときに解除関係事務委任契約等の受任者にその旨を通知しなければならないこと、受任者との間で解除に関する協議を行うこととなることから、賃貸人が受任者を把握することができるよう、通知義務を課すこととしたものである。

第2条（賃貸人の死亡等の場合の通知義務）
1 賃貸人は、賃借人が死亡したことを知ったときは、速やかに、解除関係事務委任契約の受任者（これと同内容の契約が後に締結された場合にあっては、当該契約の受任者）に対し、その旨を書面又は電磁的記録により通知しなければならない。
2 賃貸人は、本契約が終了したときは、速やかに、残置物関係事務委託契約の受任者（これと同内容の契約が後に締結された場合にあっては、当該契約の受任者）に対し、その旨を書面又は電磁的記録により通知しなければならない。
（解説コメント）
1 賃借人が死亡しても、解除関係事務委任契約の受任者はこれを知るとは限らないため、賃貸人がこれを通知することとしたものである。最初に締結された委任契約が解除されるなどして新たな委任契約が締結されているときは、その受任者

135

に対して通知を行う。
2　解除関係事務委任契約及び残置物関係事務委託契約は、賃貸借契約が終了した時に委任者が死亡していない場合には終了するが（第1の第3条、第2の第11条）、当該受任者は賃貸借契約の終了を知り得ないため、賃貸人がその旨通知することとした。

（別紙）

契　約　目　録

1　下記委任者及び受任者間の下記委任事務を内容とする●年●月●日付け委任契約

記

委　任　者　　【賃借人の住所、氏名】
受　任　者　　【受任者の住所、氏名】
委任事務　　【本契約が終了するまでに委任者が死亡した場合に、①本賃貸借契約を賃貸人との合意により解除する事務及び②本賃貸借契約を解除する旨の賃貸人の意思表示を受領する事務】

2　下記委任者及び受任者間の下記委任事務を内容とする●年●月●日付け準委任契約

記

委　任　者　　【賃借人の住所、氏名】
受　任　者　　【受任者の住所、氏名】
委任事務　　【本契約が終了するまでに委任者が死亡した場合に、本契約の目的物件内に残された動産を廃棄、送付又は換価し、本契約の目的物件内に存した金銭を委任者の相続人に返還する事務】

【資料3】

マンション標準管理規約（令和6年6月7日改正（抜粋版））

マンション標準管理規約	コメント
	【コメント関係全般】 ① マンションが重要な居住形態となっている中で、マンションの快適な居住環境を確保するため、区分所有者は、具体的な住まい方のルールを定めておくことが重要であるとともに、社会的には、マンションを社会的資産として、その資産価値を保全することが要請されている。 　このような状況の中で、管理組合はマンションを適正に管理するよう努め、国は情報提供等の措置を講ずるよう努めなければならない旨の適正化法の規定を踏まえ、国は、管理組合が、各マンションの実態に応じて、管理規約を制定、変更する際の参考として、このマンション標準管理規約及びマンション標準管理規約コメントを作成し、その周知を図るものである。 ② この標準管理規約が対象としているのは、一般分譲の住居専用の単棟型マンションで、各住戸の床面積等が、均質のものもバリエーションのあるものも含めている。 　いわゆる等価交換により特定の者が多数の住戸を区分所有する場合、一部共用部分が存する場合、管理組合を法人とする場合等は別途考慮するものとする。 　なお、店舗併用等の複合用途型マンション及び数棟のマンションが所在する団地型マンションについては、それぞれについて標準管理規約を示しているので、それらを参考とするものとする。 ③ 近年、マンションの高経年化の進行等による管理の困難化やマンションの

137

高層化・大規模化等による管理の高度化・複雑化が進んでおり、これらの課題への対応の一つとして、外部の専門家の活用が考えられる。以前から、管理組合がマンション管理士等の専門家に対し、相談、助言、指導その他の援助を求めることについては規定してきたが（第34条参照）、さらに進んで、外部の専門家が直接管理組合の運営に携わることも想定する必要がある。このような外部の専門家には、管理の執行を担うという点から、特に、管理規約、管理の委託、修繕、建替え等に関する広範な知識が必要とされ、例えば、第33条及び第34条関係②に挙げるような者が外部の専門家として想定される。

外部の専門家が管理組合の運営に携わる際の基本的なパターンとしては、別添1に示したとおり、⑴理事・監事外部専門家型又は理事長外部専門家型（従来どおり理事会を設け、理事会役員に外部専門家を選任するパターン）、⑵外部管理者・理事会監督型（外部専門家を区分所有法上の管理者として選任し、理事会は監事的立場となり外部管理者を監視するパターン）、⑶外部管理者・総会監督型（外部専門家を区分所有法上の管理者として選任し、理事会は設けないパターン）の三つが想定される。

この標準管理規約は、理事会を中心とした管理組合の運営を想定したものであり、第35条第2項において組合員要件を外した場合には、①理事・監事外部専門家型又は理事長外部専門家型による外部の専門家の活用を可能とするように規定を整備している。

なお、②、③を採用しようとする場合における規定の整備の考え方については別添1に示すとおりである。

また、外部専門家を活用する場合に

【資料3】

おける適正な業務運営を担保するための措置については、「マンションにおける外部管理者方式に関するガイドライン」の第2章を参考とされたい。

なお、近年、既存マンションにおいて、役員の担い手不足等を背景としてマンション管理業者が管理者として選任される事例や、新築マンションにおいて、マンション管理業者が管理者に就任することを前提に分譲される事例が増加してきているが、この標準管理規約では、このような場合における管理方式は想定していない。このような管理方式における留意事項等については、「マンションにおける外部管理者方式に関するガイドライン」の第3章を参考とされたい。

④ この標準管理規約で示している事項については、マンションの規模、居住形態等それぞれのマンションの個別の事情を考慮して、必要に応じて、合理的に修正し活用することが望ましい。

なお、別に定められる公正証書による規約と一覧性をもたせることが望ましい。

（定義） 第2条 この規約において、次に掲げる用語の意義は、それぞれ当該各号に定めるところによる。 　一　区分所有権　建物の区分所有等に関する法律（昭和37年法律第69号。以下「区分所有法」という。）第2条第1項の区分所有権をいう。 　二　区分所有者　区分所有法第2条第2項の区分所有者をいう。 　三　占有者　区分所有法第6条第3項の占有者をいう。 　四　専有部分　区分所有法第2条第3項の専有部分をいう。 　五　共用部分　区分所有法第2条第4項の共用部分をいう。 　六　敷地　区分所有法第2条第5項の	【コメント】第2条関係 ① 電磁的方法の具体例には、電子メールの送信やウェブサイト（ホームページ）への書込みの利用、CD-R等の交付による方法等がある。 ② 電磁的方法の一部のみ利用可能な管理組合は、電磁的方法の利用状況に応じた規約を制定することが望ましい。例えば、電子メールの送受信やウェブサイト（ホームページ）への書込みは利用できないが、CD-R等に記録されている内容の読込み及び表示は可能な場合、第10号においてイは規定しないことが望ましい。

139

建物の敷地をいう。

七　共用部分等　共用部分及び附属施設をいう。

八　専用使用権　敷地及び共用部分等の一部について、特定の区分所有者が排他的に使用できる権利をいう。

九　専用使用部分　専用使用権の対象となっている敷地及び共用部分等の部分をいう。

十　電磁的方法　電子情報処理組織を使用する方法その他の情報通信の技術を利用する方法であって次に定めるものをいう。

　　イ　送信者の使用に係る電子計算機と受信者の使用に係る電子計算機とを電気通信回線で接続した電子情報処理組織を使用する方法であって、当該電気通信回線を通じて情報が送信され、受信者の使用に係る電子計算機に備えられたファイルに当該情報が記録されるもの

　　ロ　磁気ディスクその他これに準ずる方法により一定の情報を確実に記録しておくことができる物をもって調製するファイルに情報を記録したもの（以下「電磁的記録」という。）を交付する方法

十一　WEB会議システム等　電気通信回線を介して、即時性及び双方向性を備えた映像及び音声の通信を行うことができる会議システム等をいう。

（共有持分）

第10条　各区分所有者の共有持分は、別表第３に掲げるとおりとする。

【コメント】第10条関係

① 共有持分の割合については、専有部分の床面積の割合によることとする。

　ただし、敷地については、公正証書によりその割合が定まっている場合、それに合わせる必要がある。

　登記簿に記載されている面積は、内のり計算によるが、共有持分の割合の基準となる面積は、壁心計算（界壁の

	中心線で囲まれた部分の面積を算出する方法をいう。）によるものとする。
	② 敷地及び附属施設の共有持分は、規約で定まるものではなく、分譲契約等によって定まるものであるが、本条に確認的に規定したものである。なお、共用部分の共有持分は規約で定まるものである。
	③ なお、第46条関係③で述べている価値割合による議決権割合を設定する場合には、分譲契約等によって定まる敷地等の共有持分についても、価値割合に連動させることが考えられる。
〔※住宅宿泊事業に使用することを可能とする場合、禁止する場合に応じて、次のように規定〕 （ア）住宅宿泊事業を可能とする場合 （専有部分の用途） **第12条** 区分所有者は、その専有部分を専ら住宅として使用するものとし、他の用途に供してはならない。 2 区分所有者は、その専有部分を住宅宿泊事業法（平成29年法律 第65号）第3条第1項の届出を行って営む同法第2条第3項の住宅宿泊事業に使用することができる。 （イ）住宅宿泊事業を禁止する場合 （専有部分の用途） **第12条** 区分所有者は、その専有部分を専ら住宅として使用するものとし、他の用途に供してはならない。 2 区分所有者は、その専有部分を住宅宿泊事業法（平成29年法律 第65号）第3条第1項の届出を行って営む同法第2条第3項の住宅宿泊事業に使用してはならない。	【コメント】第12条関係 ① 住宅としての使用は、専ら居住者の生活の本拠があるか否かによって判断する。したがって利用方法は、生活の本拠であるために必要な平穏さを有することを要する。 ② 住宅宿泊事業法第2条第3項に規定する住宅宿泊事業については、第2項のように、可能か禁止かを明記することが望ましい。また、旅館業法第3条第1項の簡易宿所の許可を得て行う「民泊」については、旅館業営業として行われるものであり、通常は第1項の用途に含まれていないと考えられるため、可能としたい場合には、その旨を明記することが望ましい。旅館業法や住宅宿泊事業法に違反して行われる事業は、管理規約に明記するまでもなく、当然に禁止されているとの趣旨である。 さらに、「区分所有者は、その専有部分を、宿泊料を受けて人を宿泊させる事業を行う用途に供してはならない。」のような規定を置くこともあり得る。 ③ マンションによっては、一定の態様の住宅宿泊事業のみを可能とすることも考えられ、その場合は規約に明記すべきである。

141

多数の区分所有者等による共同生活の場であり、その共同生活の維持のための法的手段が区分所有法上特に設けられているというマンションの特性に鑑みれば、個別のマンションの事情によっては、例えば、住宅宿泊事業者が同じマンション内に居住している住民である等のいわゆる家主居住型の住宅宿泊事業に限り可能とするケースも考えられる。

いわゆる家主居住型の住宅宿泊事業のみ可能とする場合の例

第12条　区分所有者は、その専有部分を専ら住宅として使用するものとし、他の用途に供してはならない。

2　区分所有者は、その専有部分を住宅宿泊事業法第3条第1項の届出を行って営む同法第2条第3項の住宅宿泊事業（同法第11条第1項2号に該当しないもので、住宅宿泊事業者が自己の生活の本拠として使用する専有部分と同法第2条第5項の届出住宅が同一の場合又は同じ建物内にある場合に限る。）に使用することができる。

　さらに、個別のマンションの事情によっては、このようないわゆる家主居住型の住宅宿泊事業のうち、住宅宿泊事業者が自己の生活の本拠として使用している専有部分において宿泊させる場合（いわゆる家主同居型）に限り可能とするケースも考えられる。

いわゆる家主同居型のみ可能とする場合の例

第12条　区分所有者は、その専有部分を専ら住宅として使用するものとし、他の用途に供してはならない。

2　区分所有者は、その専有部分を住宅宿泊事業法第3条第1項の届出を行って営む同法第2条第3項の住宅宿泊事業（同法第11条第1項2号に該当しないもので、住宅宿泊事業者が自己の生活の本拠として使用する専有部分と同

【資料３】

	法第２条第５項の届出住宅が同一の場合に限る。）に使用することができる。
	④　新規分譲時の原始規約等において、住宅宿泊事業の可否を使用細則に委任しておくこともあり得る。
	住宅宿泊事業の可否を使用細則に委任する場合
	第12条　区分所有者は、その専有部分を専ら住宅として使用するものとし、他の用途に供してはならない。 ２　区分所有者が、その専有部分を住宅宿泊事業法第３条第１項の届出を行って営む同法第２条第３項の住宅宿泊事業に使用することを可能とするか否かについては、使用細則に定めることができるものとする。
	⑤　(イ)の場合において、住宅宿泊事業の実施そのものだけでなく、さらに、その前段階の広告掲載等をも禁止する旨を明確に規定するため、「区分所有者は、前二項に違反する用途で使用することを内容とする広告の掲載その他の募集又は勧誘を行ってはならない。」のような規定を置くこともあり得る。
	⑥　暴力団の排除のため、暴力団事務所としての使用や、暴力団員を反復して出入りさせる等の行為について禁止する旨の規定を追加することも考えられる。
（駐車場の使用） **第15条**　管理組合は、別添の図（省略）に示す駐車場について、特定の区分所有者に駐車場使用契約により使用させることができる。 ２　前項により駐車場を使用している者は、別に定めるところにより、管理組合に駐車場使用料を納入しなければならない。 ３　区分所有者がその所有する専有部分を、他の区分所有者又は第三者に譲渡又は貸与したときは、その区分所有者の駐車場使用契約は効力を失う。	【コメント】第15条関係 ①　本条は、マンションの住戸の数に比べて駐車場の収容台数が不足しており、駐車場の利用希望者（空き待ち）が多い場合を前提としている。 　近時、駐車場の需要が減少しており、空き区画が生じているケースもある。駐車場収入は駐車場の管理に要する費用に充てられるほか、修繕積立金として積み立てられるため（第29条）、修繕積立金不足への対策等の観点から組合員以外の者に使用料を徴収して使用させることも考えられる。その場

143

合、税務上、全てが収益事業として課
税されるケースもあるが、区分所有者
を優先する条件を設定している等の
ケースでは、外部貸しのみが課税対象
となり区分所有者が支払う使用料は共
済事業として非課税とする旨の国税庁
の見解（「マンション管理組合が区分
所有者以外の者へのマンション駐車場
の使用を認めた場合の収益事業の判定
について（照会）」（平成24年2月3日
国住マ第43号）及びこれに対する回答
（平成24年2月13日））が公表されてい
るため、参照されたい。

② ここで駐車場と同様に扱うべきもの
としては、倉庫等がある。

③ 本条の規定のほか、使用者の選定方
法をはじめとした具体的な手続、使用
者の遵守すべき事項等駐車場の使用に
関する事項の詳細については、「駐車
場使用細則」を別途定めるものとす
る。また、駐車場使用契約の内容（契
約書の様式）についても駐車場使用細
則に位置付け、あらかじめ総会で合意
を得ておくことが望ましい。

④ 電気自動車等用充電設備（以下「充
電設備」という。）を設置する際に
は、充電設備の使用上のルールや使用
料についても、併せて駐車場使用細則
等に定めることが望ましい。

また、設置時には充電設備の設置に
かかる費用や、充電設備の運用及び維
持費を誰がどの程度負担するかについ
てあらかじめ総会で決議をしておくこ
とが望ましい。

充電設備に関する使用細則例や費用
負担の考え方等については、「既存の
分譲マンションへの電気自動車
（EV）・プラグインハイブリッド車
（PHEV）充電設備導入マニュアル」
（一般社団法人マンション計画修繕施
工協会作成）を参照されたい。

⑤ 駐車場使用契約は、次のひな型を参

【資料3】

考とする。

駐車場使用契約書

○○マンション管理組合（以下「甲」という。）は、○○マンションの区分所有者である○○（以下「乙」という。）と、○○マンションの駐車場のうち別添の図（省略）に示す○○の部分につき駐車場使用契約を締結する。当該部分の使用に当たっては、乙は下記の事項を遵守するものとし、これに違反した場合には、甲はこの契約を解除することができる。

記

1　契約期間は、　　　年　　月　　日から　　　年　　月　　日までとする。ただし、乙がその所有する専有部分を他の区分所有者又は第三者に譲渡又は貸与したときは、本契約は効力を失う。

2　月額○○円の駐車場使用料を前月の○日までに甲に納入しなければならない。

3　別に定める駐車場使用細則を遵守しなければならない。

4　当該駐車場に常時駐車する車両の所有者、車両番号及び車種をあらかじめ甲に届け出るものとする。

以上

---

⑥　第3項は、家主同居型の住宅宿泊事業を実施する場合は、対象としていないと考えられる。

⑦　車両の保管責任については、管理組合が負わない旨を駐車場使用契約又は駐車場使用細則に規定することが望ましい。

⑧　駐車場使用細則、駐車場使用契約等に、管理費、修繕積立金の滞納等の規約違反の場合は、契約を解除できるか又は次回の選定時の参加資格をはく奪

することができる旨の規定を定めることもできる。

⑨ 駐車場使用者の選定は、最初に使用者を選定する場合には抽選、2回目以降の場合には抽選又は申込順にする等、公平な方法により行うものとする。

また、マンションの状況等によっては、契約期間終了時に入れ替えるという方法又は契約の更新を認めるという方法等について定めることも可能である。例えば、駐車場使用契約に使用期間を設け、期間終了時に公平な方法により入替えを行うこと（定期的な入替え制）が考えられる。

なお、駐車場が全戸分ある場合であっても、平置きか機械式か、屋根付きの区画があるかなど駐車場区画の位置等により利便性・機能性に差異があるような場合には、マンションの具体的な事情に鑑みて、上述の方法による入替えを行うことも考えられる。

駐車場の入替えの実施に当たっては、実施の日時に、各区分所有者が都合を合わせることが必要であるが、それが困難なため実施が難しいという場合については、外部の駐車場等に車を移動させておく等の対策が考えられる。

⑩ 駐車場が全戸分ない場合等には、駐車場使用料を近傍の同種の駐車場料金と均衡を失しないよう設定すること等により、区分所有者間の公平を確保することが必要である。なお、近傍の同種の駐車場料金との均衡については、利便性の差異も加味して考えることが必要である。

また、平置きか機械式か、屋根付きの区画があるかなど駐車場区画の位置等による利便性・機能性の差異や、使用料が高額になっても特定の位置の駐車場区画を希望する者がいる等の状況に応じて、柔軟な料金設定を行うこと

〔※管理組合における電磁的方法の利用状況に応じて、次のように規定〕

(ア) 電磁的方法が利用可能ではない場合

（専有部分の修繕等）

第17条 区分所有者は、その専有部分について、修繕、模様替え又は建物に定着する物件の取付け若しくは取替え（以下「修繕等」という。）であって共用部分又は他の専有部分に影響を与えるおそれのあるものを行おうとするときは、あらかじめ、理事長（第35条に定める理事長をいう。以下同じ。）にその旨を申請し、書面による承認を受けなければならない。

(イ) 電磁的方法が利用可能な場合

（専有部分の修繕等）

第17条 区分所有者は、その専有部分について、修繕、模様替え又は建物に定着する物件の取付け若しくは取替え（以下「修繕等」という。）であって共用部分又は他の専有部分に影響を与えるおそれのあるものを行おうとするときは、あらかじめ、理事長（第35条に定める理事長をいう。以下同じ。）にその旨を申請し、書面又は電磁的方法による承認を受けなければならない。

2　前項の場合において、区分所有者は、設計図、仕様書及び工程表を添付した申請書を理事長に提出しなければならない。

3　理事長は、第1項の規定による申請について、理事会（第51条に定める理事会をいう。以下同じ。）の決議により、その承認又は不承認を決定しなければならない。

4　第1項の承認があったときは、区分所有者は、承認の範囲内において、専有部分の修繕等に係る共用部分の工事を行うことができる。

5　理事長又はその指定を受けた者は、本条の施行に必要な範囲内において、

も考えられる。

【コメント】第17条関係

① 区分所有者は、区分所有法第6条第1項の規定により、専有部分の増築又は建物の主要構造部に影響を及ぼす行為を実施することはできない。

② 修繕等のうち、第1項の承認を必要とするものは、「共用部分又は他の専有部分に影響を与えるおそれのある」ものである。具体例としては、床のフローリング、ユニットバスの設置、主要構造部に直接取り付けるエアコンの設置、配管（配線）の枝管（枝線）の取付け・取替え、間取りの変更等がある。その範囲、承認を必要とする理由及び審査すべき点については、別添2（省略）に考え方を示している。

③ 本条は、配管（配線）の枝管（枝線）の取付け、取替え工事に当たって、共用部分内に係る工事についても、理事長の承認を得れば、区分所有者が行うことができることも想定している。

④ 専有部分の修繕等の実施は、共用部分に関係してくる場合もあることから、ここでは、そのような場合も想定し、区分所有法第18条第1項の共用部分の管理に関する事項として、同条第2項の規定により、規約で別の方法を定めたものである。

なお、区分所有法第17条第1項の共用部分の変更に該当し、集会の決議を経ることが必要となる場合もあることに留意する必要がある。

⑤ 承認を行うに当たっては、専門的な判断が必要となる場合も考えられることから、専門的知識を有する者（建築士、建築設備の専門家等）の意見を聴く等により専門家の協力を得ることを考慮する。

特に、フローリング工事の場合には、構造、工事の仕様、材料等により

修繕等の箇所に立ち入り、必要な調査を行うことができる。この場合において、区分所有者は、正当な理由がなければこれを拒否してはならない。

6 第1項の承認を受けた修繕等の工事後に、当該工事により共用部分又は他の専有部分に影響が生じた場合は、当該工事を発注した区分所有者の責任と負担により必要な措置をとらなければならない。

7 区分所有者は、第1項の承認を要しない修繕等のうち、工事業者の立入り、工事の資機材の搬入、工事の騒音、振動、臭気等工事の実施中における共用部分又は他の専有部分への影響について管理組合が事前に把握する必要があるものを行おうとするときは、あらかじめ、理事長にその旨を届け出なければならない。

影響が異なるので、専門家への確認が必要である。

⑥ 承認の判断に際して、調査等により特別な費用がかかる場合には、申請者に負担させることが適当である。

⑦ 工事の躯体に与える影響、防火、防音等の影響、耐力計算上の問題、他の住戸への影響等を考慮して、承認するかどうか判断する。考え方については別添2（省略）を参照のこと。なお、承認の判断に当たっては、マンションの高経年化に伴い専有部分の修繕等の必要性が増加することも踏まえ、過度な規制とならないようにすること、修繕技術の向上により、新たな工事手法に係る承認申請がされた場合にも、別添2（省略）に示された考え方を参考にすればよいことに留意する。なお、工事内容が上下左右の区分所有者に対して著しい影響を与えるおそれがあると判断される場合には、当該区分所有者の同意を必要とすることも考えられる。

⑧ 承認の申請先等は理事長であるが、承認、不承認の判断はあくまで理事会の決議によるものである（第54条第1項第5号参照）。

⑨ なお、老朽化が進む等、近い将来に、建替え若しくはマンション敷地売却（以下「建替え等」という。）が想定されるマンションにおいて、高額な費用をかけて専有部分の大規模な修繕等を行う区分所有者がいた場合には、その工事から数年後に建替え等の検討が始まると、当該区分所有者にとって二重の出費ともなりかねないほか、合意形成に支障が生ずる可能性がある。このため、近い将来に建替え等の検討の可能性があるマンションにおいては、修繕等について理事長の承認を求めてくる区分所有者に対して、近い将来に建替え等が検討される可能性がある旨の注意喚起を行うことが望まし

【資料3】

い。なお、注意喚起があった上で、実際に修繕等を行うか否かはあくまで当該区分所有者の判断である。

⑩ 第5項の立入り、調査に関しては、施工状況を確認する必要があるものについて、工事中の現場で管理組合の理事等（又は組合から依頼を受けた技術者）が立ち会って確認することが考えられる。人手や工期などにより、実際に立ち会うことが難しい場合には、抜き打ちで検査することをアナウンスしたり、工事業者に写真等の記録を取らせ報告させたりすることが考えられる。施工状況を確認する場合、図面の読み方や工事の進め方を知っている外部の専門家の協力が必要になる。確認が必要なものとしては、例えば、次のようなものが考えられる。

・全面リフォームを行う工事について、壁、床等をはがして耐力壁を撤去しないか、工事対象を確認する。
・躯体コンクリートにスリーブをあける際やアンカーを打ち込む際に、鉄筋を探査してから穴をあけているか、手順を確認する。

⑪ 第6項は、第1項の承認が、修繕等の工事の結果、共用部分又は他の専有部分に生じた事後的な影響について、当該工事を発注した区分所有者の責任や負担を免責するものではないことを確認的に定める趣旨である。

なお、工事を発注する場合には、工事業者と協議した上で、契約書に事後的な影響が生じた場合の責任の所在と補償等についても明記することが適切である。

また、管理組合等が専有部分の修繕の記録を保管しておくため、工事業者から工事完了報告書等を提出させることも考えられる。

⑫ 第7項は、第1項の承認を要しない修繕等であっても、工事の実施期間中

149

において、共用部分又は他の専有部分に対し、工事業者の立入り、工事の資機材の搬入、工事の騒音、振動、臭気等の影響が想定されることから、管理組合が事前に把握する必要があるため、事前に届出を求めるものである。なお、第1項の場合と異なり、工事の過程における影響を問題とするものであり、工事の結果による事後的な影響を問題とする趣旨ではないことに留意する。また、他の居住者等に影響を与えることが考えられるため、上記届出に加えて工事内容等を掲示する等の方法により、他の区分所有者等へ周知を図ることが適当である。

なお、上記届出を要する工事の範囲等の考え方は、別添2（省略）を参照のこと。

⑬ 本条の承認を受けないで、専有部分の修繕等の工事を行った場合には、第67条の規定により、理事長は、その是正等のため必要な勧告又は指示若しくは警告を行うか、その差止め、排除又は原状回復のための必要な措置等をとることができる。第5項の立入り、調査の結果、理事長に申請又は届出を行った内容と異なる内容の工事が行われている等の事実が確認された場合も、同様である。

⑭ 本条の規定のほか、具体的な手続、区分所有者の遵守すべき事項等詳細については、使用細則に別途定めるものとする。その際、上述した別添2の内容についても、各マンションの実情に応じて、参考にするとともに、必要に応じて、専門的知識を有する者の意見を聴くことが望ましい。

⑮ 申請書及び承認書の様式は、次のとおりとする。

専用部分修繕工事等申請書

年　月　日

○○マンション管理組合
　理事長○○○○殿
　　　　　　　氏名　○○　○○
　下記により、専有部分の修繕等の工事を実施することとしたいので、○○マンション管理規約第17条の規定に基づき申請します。
　　　　　　記
1　対象住戸　○○号室
2　工事内容
3　工事期間　　年　月　日から
　　　　　　　　年　月　日まで
4　施工業者
5　添付書類　設計図、仕様書及び工程表
　　　　　　　　　　　　　　以上

専用部分修繕工事承認書

　　　　　　　　　年　月　日
○○○○殿

　年　　月　　日に申請のありました○○号室における専有部分の修繕等の工事については、実施することを承認します。
（条件）
　　　　○○マンション管理組合
　　　　理事長　○○○○

（使用細則）	【コメント】第18条関係
第18条　対象物件の使用については、別に使用細則を定めるものとする。	① 使用細則で定めることが考えられる事項としては、動物の飼育やピアノ等の演奏に関する事項等専有部分の使用方法に関する規制や、駐車場、倉庫等の使用方法、使用料、置き配を認める際のルール等敷地、共用部分の使用方法や対価等に関する事項等が挙げられ、このうち専有部分の使用に関するものは、その基本的な事項は規約で定めるべき事項である。また、マンション内における感染症の感染拡大のおそ

151

れが高いと認められた場合において、使用細則を根拠として、居住者による共用部分等の使用を一時的に停止・制限することは可能であると考えられる。

なお、使用細則を定める方法としては、これらの事項を一つの使用細則として定める方法と事項ごとに個別の細則として定める方法とがある。

② 犬、猫等のペットの飼育に関しては、それを認める、認めない等の規定は規約で定めるべき事項である。基本的な事項を規約で定め、手続等の細部の規定を使用細則等に委ねることは可能である。

なお、飼育を認める場合には、動物等の種類及び数等の限定、管理組合への届出又は登録等による飼育動物の把握、専有部分における飼育方法並びに共用部分の利用方法及びふん尿の処理等の飼育者の守るべき事項、飼育に起因する被害等に対する責任、違反者に対する措置等の規定を定める必要がある。

③ ペット飼育を禁止する場合、容認する場合の規約の例は、次のとおりである。

ペットの飼育を禁止する場合

（ペット飼育の禁止）

第○条 区分所有者及び占有者は、専有部分、共用部分の如何を問わず、犬・猫等の動物を飼育してはならない。ただし、専ら専有部分内で、かつ、かご・水槽等内のみで飼育する小鳥・観賞用魚類（金魚・熱帯魚等）等を、使用細則に定める飼育方法により飼育する場合、及び身体障害者補助犬法に規定する身体障害者補助犬（盲導犬、介助犬及び聴導犬）を使用する場合は、この限りではない。

152

【資料3】

<table>
<tr><td></td><td>ペットの飼育を容認する場合</td></tr>
<tr><td></td><td>（ペットの飼育）
第○条 ペット飼育を希望する区分所有者及び占有者は、使用細則及びペット飼育に関する細則を遵守しなければならない。ただし、他の区分所有者又は占有者からの苦情の申し出があり、改善勧告に従わない場合には、理事会は、飼育禁止を含む措置をとることができる。</td></tr>
<tr><td></td><td>④ 専用使用部分でない共用部分に物品を置くことは原則として認められないが、宅配ボックスが無い場合等、例外的に共用部分への置き配を認める場合には、長期間の放置や大量・乱雑な放置等により避難の支障とならないよう留意する必要がある。
⑤ 第12条において住宅宿泊事業を可能とする場合は、必要に応じ、住宅宿泊事業法第13条に基づき掲げなければならないこととされている標識の掲示場所等の取扱いについて、あらかじめ使用細則において明確化しておくことが望ましい。</td></tr>
<tr><td>（専有部分の貸与）
第19条 区分所有者は、その専有部分を第三者に貸与する場合には、この規約及び使用細則に定める事項をその第三者に遵守させなければならない。
2 前項の場合において、区分所有者は、その貸与に係る契約にこの規約及び使用細則に定める事項を遵守する旨の条項を定めるとともに、契約の相手方にこの規約及び使用細則に定める事項を遵守する旨の誓約書を管理組合に提出させなければならない。
3 第1項の場合において、区分所有者は、当該第三者に、専有部分を借用した旨の届出を管理組合に提出させなければならない。</td><td>【コメント】第19条関係
① 規約の効力は対象物件の使用方法につき占有者にも及ぶが、本条は、それ以外に、区分所有者がその専有部分を第三者に貸与する場合に、区分所有者がその第三者に、この規約及び使用細則に定める事項を遵守させる義務を定めたものである。
② 第三者が遵守すべき事項は、この規約及び使用細則に定める事項のうち、対象物件の使用に関する事項とする。
③ 貸与に係る契約書に記載する条項及び管理組合に提出する誓約書の様式は次のとおりとする。</td></tr>
</table>

153

賃貸借契約書

○○条　賃借人は、対象物件の使用、収益に際して、○○マンション管理規約及び同使用細則に定める事項を誠実に遵守しなければならない。

2　賃借人が、前項に規定する義務に違反したときは、賃貸人は、本契約を解除することができる。

誓　約　書

私は、○○○○（賃貸人）との○○マンション○○号室（以下「対象物件」という。）の賃貸借契約の締結に際し、下記事項を誓約します。
記
対象物件の使用に際しては○○マンション管理規約及び同使用細則に定める事項を誠実に遵守すること。
年　月　日
○○マンション管理組合
理事長　○○○○　殿
住所
氏名

---

④　第12条において住宅宿泊事業を可能とする場合は、管理組合が事業開始を把握することがトラブル防止に資すると考えられるため、例えば、「区分所有者は、その専有部分において住宅宿泊事業法第2条第3項の住宅宿泊事業を実施することを内容とする、同法第3条第1項の届出を行った場合は、遅滞なく、その旨を管理組合に届け出なければならない。」等と規約に定めることも有効である。また、宿泊者等からの誓約書については提出義務を免除する旨を定めることも考えられる。

⑤　第3項の届出事項は、第三者本人の氏名、対象住戸、電話番号のほか、緊

【資料３】

急時の連絡先となる者の氏名及び電話番号等が考えられる。加えて、区分所有者から専有部分を借用した第三者と、現に専有部分に居住する者が異なる場合は、現に専有部分に居住する者に関する情報も把握することが望ましい。

〔※専有部分の貸与に関し、暴力団員への貸与を禁止する旨の規約の規定を定める場合〕

（暴力団員の排除）

第19条の２ 区分所有者は、その専有部分を第三者に貸与する場合には、前条に定めるもののほか、次に掲げる内容を含む条項をその貸与に係る契約に定めなければならない。

一 契約の相手方が暴力団員（暴力団員による不当な行為の防止等に関する法律（平成３年法律第77号）第２条第６号に規定する暴力団員をいう。以下同じ。）ではないこと及び契約後において暴力団員にならないことを確約すること。

二 契約の相手方が暴力団員であることが判明した場合には、何らの催告を要せずして、区分所有者は当該契約を解約することができること。

三 区分所有者が前号の解約権を行使しないときは、管理組合は、区分所有者に代理して解約権を行使することができること。

〔※管理組合における電磁的方法の利用状況に応じて、次のように規定〕

(ア) 電磁的方法が利用可能ではない場合

２ 前項の場合において、区分所有者は、前項第３号による解約権の代理行使を管理組合に認める旨の書面の提出をするとともに、契約の相手方に暴力団員ではないこと及び契約後において暴力団員にならないことを確約する旨の誓約書を管理組合に提出させなければならない。

【コメント】第19条の２関係

① 第19条の２は、専有部分の貸与に関し、暴力団員への貸与を禁止する旨の規約の規定を定める場合の規定例である。なお、必要に応じ、暴力団員だけでなく、暴力団関係者や準構成員等を追加する場合は、その範囲について、各都道府県が定めている暴力団排除条例などを参考に規定することが考えられる。

第19条の２第１項第２号又は同項第３号の前提となる区分所有者の解約権は、区分所有者と第三者との間の契約における解約原因に係る特約を根拠とするものであり、管理組合は、区分所有者から当該解約権行使の代理権の授与を受けて（具体的には同条第２項に規定する解約権の代理行使を認める書面の提出（当該書面に記載すべき事項の電磁的方法による提供を含む。）を受ける。）、区分所有者に代理して解約権を行使する。管理組合の解約権の代理行使は、理事会決議事項とすることも考えられるが、理事会で決定することを躊躇するケースもあり得ることから、総会決議によることが望ましい。

② なお、暴力団員への譲渡については、このような賃貸契約に係るものと同様の取決めを区分所有者間で結ぶといった対応をすることが考えられる。

また、暴力団事務所としての使用等の禁止については、第12条関係コメントを参照。敷地内における暴力行為や威嚇行為等の禁止については、第67条第１項の「共同生活の秩序を乱す行

155

(イ) 電磁的方法が利用可能な場合	為」や区分所有法第6条第1項の「共同の利益に反する行為」等に該当するものとして、法的措置をはじめとする必要な措置を講ずることが可能であると考えられる。
2 前項の場合において、区分所有者は、前項第3号による解約権の代理行使を管理組合に認める旨の書面の提出（当該書面に記載すべき事項の電磁的方法による提供を含む。）をするとともに、契約の相手方に暴力団員ではないこと及び契約後において暴力団員にならないことを確約する旨の誓約書を管理組合に提出させなければならない。	③ なお、措置の実行等に当たっては、暴力団関係者かどうかの判断や、訴訟等の措置を遂行する上での理事長等の身の安全の確保等のため、警察当局や暴力追放運動推進センターとの連携が重要であり、必要に応じて協力を要請することが望ましい。
（敷地及び共用部分等の管理）	【コメント】第21条関係
第21条 敷地及び共用部分等の管理については、管理組合がその責任と負担においてこれを行うものとする。ただし、バルコニー等の保存行為（区分所有法第18条第1項ただし書の「保存行為」をいう。以下同じ。）のうち、通常の使用に伴うものについては、専用使用権を有する者がその責任と負担においてこれを行わなければならない。	① 第1項及び第3項は、区分所有法第18条第1項ただし書において、保存行為は、各共有者がすることができると定められていることに対し、同条第2項に基づき、規約で別段の定めをするものである。
2 専有部分である設備のうち共用部分と構造上一体となった部分の管理を共用部分の管理と一体として行う必要があるときは、管理組合がこれを行うことができる。	② 駐車場の管理は、管理組合がその責任と負担で行う。
〔※管理組合における電磁的方法の利用状況に応じて、次のように規定〕	③ バルコニー等の管理のうち、管理組合がその責任と負担において行わなければならないのは、計画修繕等である。
(ア) 電磁的方法が利用可能ではない場合	④ 本条第1項ただし書の「通常の使用に伴う」保存行為とは、バルコニーの清掃や窓ガラスが割れた時の入替え等である。
3 区分所有者は、第1項ただし書の場合又はあらかじめ理事長に申請して書面による承認を受けた場合を除き、敷地及び共用部分等の保存行為を行うことができない。ただし、専有部分の使用に支障が生じている場合に、当該専有部分を所有する区分所有者が行う保存行為の実施が、緊急を要するものであるときは、この限りでない。	⑤ バルコニー等の経年劣化への対応については、③のとおり管理組合がその責任と負担において、計画修繕として行うものである。ただし、バルコニー等の劣化であっても、長期修繕計画作成ガイドラインにおいて管理組合が行うものとされている修繕等の周期と比べ短い期間で発生したものであり、かつ、他のバルコニー等と比較して劣化の程度が顕著である場合には、特段の事情がない限りは、当該バルコニー等の専用使用権を有する者の「通常の使用に伴う」ものとして、その責任と負
(イ) 電磁的方法が利用可能な場合	
3 区分所有者は、第1項ただし書の場合又はあらかじめ理事長に申請して書	

面又は電磁的方法による承認を受けた場合を除き、敷地及び共用部分等の保存行為を行うことができない。ただし、専有部分の使用に支障が生じている場合に、当該専有部分を所有する区分所有者が行う保存行為の実施が、緊急を要するものであるときは、この限りでない。

4　前項の申請及び承認の手続については、第17条第2項、第3項、第5項及び第6項の規定を準用する。ただし、同条第5項中「修繕等」とあるのは「保存行為」と、同条第6項中「第1項の承認を受けた修繕等の工事後に、当該工事」とあるのは「第21条第3項の承認を受けた保存行為後に、当該保存行為」と読み替えるものとする。

5　第3項の規定に違反して保存行為を行った場合には、当該保存行為に要した費用は、当該保存行為を行った区分所有者が負担する。

6　理事長は、災害等の緊急時においては、総会又は理事会の決議によらずに、敷地及び共用部分等の必要な保存行為を行うことができる。

担において保存行為を行うものとする。なお、この場合であっても、結果として管理組合による計画修繕の中で劣化が解消されるのであれば、管理組合の負担で行われることとなる。

⑥　バルコニー等の破損が第三者による犯罪行為等によることが明らかである場合の保存行為の実施については、通常の使用に伴わないものであるため、管理組合がその責任と負担においてこれを行うものとする。ただし、同居人や賃借人等による破損については、「通常の使用に伴う」ものとして、当該バルコニー等の専用使用権を有する者がその責任と負担において保存行為を行うものとする。

⑦　第2項の対象となる設備としては、配管、配線等がある。配管の清掃等に要する費用については、第27条第3号の「共用設備の保守維持費」として管理費を充当することが可能であるが、配管の取替え等に要する費用のうち専有部分に係るものについては、各区分所有者が実費に応じて負担すべきものである。なお、共用部分の配管の取替えと専有部分の配管の取替えを同時に行うことにより、専有部分の配管の取替えを単独で行うよりも費用が軽減される場合には、これらについて一体的に工事を行うことも考えられる。その場合には、あらかじめ長期修繕計画において専有部分の配管の取替えについて記載し、その工事費用を修繕積立金から拠出することについて規約に規定するとともに、先行して工事を行った区分所有者への補償の有無等についても十分留意することが必要である。

⑧　第3項ただし書は、例えば、台風等で住戸の窓ガラスが割れた場合に、専有部分への雨の吹き込みを防ぐため、割れたものと同様の仕様の窓ガラスに張り替えるというようなケースが該当

157

する。また、第5項は、区分所有法第19条に基づき、規約で別段の定めをするものである。承認の申請先等は理事長であるが、承認、不承認の判断はあくまで理事会の決議によるものである（第54条第1項第5号参照）。

⑨ 区分所有法第26条第1項では、敷地及び共用部分等の保存行為の実施が管理者（本標準管理規約では理事長）の権限として定められている。第6項では、災害等の緊急時における必要な保存行為について、理事長が単独で判断し実施できることを定めるものである。災害等の緊急時における必要な保存行為としては、共用部分等を維持するための緊急を要する行為又は共用部分等の損傷・滅失を防止して現状の維持を図るための比較的軽度の行為が該当する。後者の例としては、給水管・排水管の補修、共用部分等の被災箇所の点検、破損箇所の小修繕等が挙げられる。この場合に必要な支出については、第58条第6項及びコメント第58条関係⑤を参照のこと。

⑩ 災害等の緊急時において、保存行為を超える応急的な修繕行為の実施が必要であるが、総会の開催が困難である場合には、理事会においてその実施を決定することができることとしている（第54条第1項第12号及びコメント第54条関係①を参照。）。しかし、大規模な災害や突発的な被災では、理事会の開催も困難な場合があることから、そのような場合には、保存行為に限らず、応急的な修繕行為の実施まで理事長単独で判断し実施することができる旨を、規約において定めることも考えられる。更に、理事長をはじめとする役員が対応できない事態に備え、あらかじめ定められた方法により選任された区分所有者等の判断により保存行為や応急的な修繕行為を実施することが

	できる旨を、規約において定めることも考えられる。なお、理事長等が単独で判断し実施することができる保存行為や応急的な修繕行為に要する費用の限度額について、予め定めておくことも考えられる。
	⑪　第6項の災害等の緊急時における必要な保存行為の実施のほか、平時における専用使用権のない敷地又は共用部分等の保存行為について、理事会の承認を得て理事長が行えるとすることや、少額の保存行為であれば理事長に一任することを、規約において定めることも考えられる。その場合、理事長単独で判断し実施することができる保存行為に要する費用の限度額について、予め定めておくことも考えられる。
（窓ガラス等の改良） **第22条**　共用部分のうち各住戸に附属する窓枠、窓ガラス、玄関扉その他の開口部に係る改良工事であって、防犯、防音又は断熱等の住宅の性能の向上等に資するものについては、管理組合がその責任と負担において、計画修繕としてこれを実施するものとする。 〔※管理組合における電磁的方法の利用状況に応じて、次のように規定〕 ⓐ　電磁的方法が利用可能ではない場合 2　区分所有者は、管理組合が前項の工事を速やかに実施できない場合には、あらかじめ理事長に申請して書面による承認を受けることにより、当該工事を当該区分所有者の責任と負担において実施することができる。 ⓑ　電磁的方法が利用可能な場合 2　区分所有者は、管理組合が前項の工事を速やかに実施できない場合には、あらかじめ理事長に申請して書面又は電磁的方法による承認を受けることにより、当該工事を当該区分所有者の責任と負担において実施することがで	**【コメント】第22条関係** ①　窓枠、窓ガラス及び玄関扉（玄関扉にあっては、錠及び内部塗装部分を除く。以下「開口部」という。）については、第7条第2項第2号及び第3号において専有部分に含まれないこととされていること、専有部分に属さない「建物の部分」については、第8条に基づく別表第2において共用部分とされていることから、開口部は共用部分として扱うこととなる。 ②　また、区分所有法は、その形状又は効用の著しい変更を伴わない共用部分の変更について、集会の普通決議により決することを定めている。 ③　第1項は、防犯、防音又は断熱等の住宅の性能の向上のため行われる開口部の改良工事については、原則として、他の共用部分と同様に計画修繕の対象とすべき旨を規定したものである。 ④　第2項は、開口部の改良工事については、治安上の問題を踏まえた防犯性能の向上や、結露から発生したカビや

る。

3　前項の申請及び承認の手続について
は、第17条第2項、第3項、第5項及
び第6項の規定を準用する。ただし、
同条第5項中「修繕等」とあるのは
「第22条第2項の工事」と、同条第6
項中「第1項の承認を受けた修繕等の
工事」とあるのは「第22条第2項の承
認を受けた工事」と読み替えるものと
する。

ダニによるいわゆるシックハウス問題
を改善するための断熱性の向上等、一
棟全戸ではなく一部の住戸において緊
急かつ重大な必要性が生じる場合もあ
り得ることに鑑み、計画修繕によりた
だちに開口部の改良を行うことが困難
な場合には、専有部分の修繕等におけ
る手続と同様の手続により、各区分所
有者の責任と負担において工事を行う
ことができるよう規定したものであ
る。

　承認の申請先等は理事長であるが、
承認、不承認の判断はあくまで理事会
の決議によるものである（第54条第1
項第5号参照）。

⑤　また、第2項及び第3項は、マン
ションでは通常個々の専有部分に係る
開口部（共用部分）が形状や材質にお
いて大きく異なるような状況は考えら
れないことから、当該開口部の改良工
事についてもその方法や材質・形状等
に問題のないものは、施工の都度総会
の決議を求めるまでもなく、専有部分
の修繕等における手続と同様の手続に
より、各区分所有者の責任と負担にお
いて実施することを可能とする趣旨で
ある。承認申請の対象範囲、審査する
内容等の考え方については、別添2
（省略）を参照されたい。

⑥　「共用部分のうち各住戸に附属する
窓枠、窓ガラス、玄関扉その他の開口
部に係る改良工事であって、防犯、防
音又は断熱等の住宅の性能の向上等に
資するもの」の工事の具体例として
は、防犯・防音・断熱性等により優れ
た複層ガラスやサッシ等への交換、既
設のサッシへの内窓又は外窓の増設等
が考えられる。

⑦　本条の規定のほか、具体的な工事内
容、区分所有者の遵守すべき事項等詳
細については、細則に別途定めるもの
とする。その際、上述の別添2の内容

160

【資料3】

	についても、各マンションの実情に応じて、参考にするとともに、必要に応じて、専門的知識を有する者の意見を聴くことが望ましい。 ⑧　申請書及び承認書の様式は、専有部分の修繕に関する様式に準じて定めるものとする。
（必要箇所への立入り） **第23条**　前二条により管理を行う者は、管理を行うために必要な範囲内において、他の者が管理する専有部分又は専用使用部分への立入りを請求することができる。 2　前項により立入りを請求された者は、正当な理由がなければこれを拒否してはならない。 3　前項の場合において、正当な理由なく立入りを拒否した者は、その結果生じた損害を賠償しなければならない。 4　前三項の規定にかかわらず、理事長は、災害、事故等が発生した場合であって、緊急に立ち入らないと共用部分等又は他の専有部分に対して物理的に又は機能上重大な影響を与えるおそれがあるときは、専有部分又は専用使用部分に自ら立ち入り、又は委任した者に立ち入らせることができる。 5　立入りをした者は、速やかに立入りをした箇所を原状に復さなければならない。	【コメント】第23条関係 （第4項関係） ①　第4項の緊急の立入りが認められるのは、災害時等における共用部分に係る緊急的な工事に伴い必要な場合や、専有部分における大規模な水漏れ等、そのまま放置すれば、他の専有部分や共用部分に対して物理的に又は機能上重大な影響を与えるおそれがある場合に限られるものである。 ②　第4項の規定の実効性を高めるため、管理組合が各住戸の合い鍵を預かっておくことを定めることも考えられるが、プライバシーの問題等があることから、各マンションの個別の事情を踏まえて検討する必要がある。
（管理費） **第27条**　管理費は、次の各号に掲げる通常の管理に要する経費に充当する。 一　管理員人件費 二　公租公課 三　共用設備の保守維持費及び運転費 四　備品費、通信費その他の事務費 五　共用部分等に係る火災保険料、地震保険料その他の損害保険料 六　経常的な補修費 七　清掃費、消毒費及びごみ処理費 八　委託業務費	【コメント】第27条関係 ①　管理組合の運営に要する費用には役員活動費も含まれ、これについては一般の人件費等を勘案して定めるものとするが、役員は区分所有者全員の利益のために活動することに鑑み、適正な水準に設定することとする。なお、コメント第37条関係②を参照のこと。 ②　従来、本条第10号に掲げる管理費の使途及び第32条の管理組合の業務として、「地域コミュニティにも配慮した居住者間のコミュニティ形成（に要す

161

九　専門的知識を有する者の活用に要する費用
十　管理組合の運営に要する費用
十一　その他第32条に定める業務に要する費用（次条に規定する経費を除く。）

る費用）」が掲げられていた。これは、日常的なトラブルの未然防止や大規模修繕工事等の円滑な実施などに資するコミュニティ形成について、マンションの管理という管理組合の目的の範囲内で行われることを前提に規定していたものである。しかしながら、「地域コミュニティにも配慮した居住者間のコミュニティ形成」との表現には、定義のあいまいさから拡大解釈の懸念があり、とりわけ、管理組合と自治会、町内会等とを混同することにより、自治会費を管理費として一体で徴収し自治会費を払っている事例や、自治会的な活動への管理費の支出をめぐる意見対立やトラブル等が生じている実態もあった。一方、管理組合による従来の活動の中でいわゆるコミュニティ活動と称して行われていたもののうち、例えば、マンションやその周辺における美化や清掃、景観形成、防災・防犯活動、生活ルールの調整等で、その経費に見合ったマンションの資産価値の向上がもたらされる活動は、それが区分所有法第3条に定める管理組合の目的である「建物並びにその敷地及び附属施設の管理」の範囲内で行われる限りにおいて可能である。

　以上を明確にするため、第10号及び第32条第15号を削除するとともに、第32条第12号を「マンション及び周辺の風紀、秩序及び安全の維持、防災並びに居住環境の維持及び向上に関する業務」と改めることとした。

　また、従来、第12号に「その他敷地及び共用部分等の通常の管理に要する費用」が掲げられていたが、第32条に定める業務との関連が不明確であったことから、「その他第32条に定める業務に要する費用（次条に規定する経費を除く。）」と改めることとした。上述の第32条第12号の業務に要する費用

は、本号あるいは別の号の経費として支出することが可能である。

③　管理組合は、区分所有法第3条に基づき、区分所有者全員で構成される強制加入の団体であり、居住者が任意加入する地縁団体である自治会、町内会等とは異なる性格の団体であることから、管理組合と自治会、町内会等との活動を混同することのないよう注意する必要がある。各居住者が各自の判断で自治会又は町内会等に加入する場合に支払うこととなる自治会費又は町内会費等は、地域住民相互の親睦や福祉、助け合い等を図るために居住者が任意に負担するものであり、マンションを維持・管理していくための費用である管理費等とは別のものである。下の点に留意すべきである。

ア　自治会又は町内会等への加入を強制するものとならないようにすること。

イ　自治会又は町内会等への加入を希望しない者から自治会費又は町内会費等の徴収を行わないこと。

ウ　自治会費又は町内会費等を管理費とは区分経理すること。

エ　管理組合による自治会費又は町内会費等の代行徴収に係る負担について整理すること。

④　上述のような管理組合の法的性質からすれば、マンションの管理に関わりのない活動を行うことは適切ではない。例えば、一部の者のみに対象が限定されるクラブやサークル活動経費、主として親睦を目的とする飲食の経費などは、マンションの管理業務の範囲を超え、マンション全体の資産価値向上等に資するとも言い難いため、区分所有者全員から強制徴収する管理費をそれらの費用に充てることは適切ではなく、管理費とは別に、参加者からの直接の支払や積立て等によって費用を

（修繕積立金）

第28条　管理組合は、各区分所有者が納入する修繕積立金を積み立てるものとし、積み立てた修繕積立金は、次の各号に掲げる特別の管理に要する経費に充当する場合に限って取り崩すことができる。

一　一定年数の経過ごとに計画的に行う修繕

二　不測の事故その他特別の事由により必要となる修繕

三　敷地及び共用部分等の変更

四　建物の建替え及びマンション敷地売却（以下「建替え等」という。）に係る合意形成に必要となる事項の調査

五　その他敷地及び共用部分等の管理に関し、区分所有者全体の利益のために特別に必要となる管理

2　前項にかかわらず、区分所有法第62条第1項の建替え決議（以下「建替え決議」という。）又は建替えに関する区分所有者全員の合意の後であっても、マンションの建替え等の円滑化に関する法律（平成14年法律第78号。以下「円滑化法」という。）第9条のマンション建替組合の設立の認可又は円滑化法第45条のマンション建替事業の認可までの間において、建物の建替えに係る計画又は設計等に必要がある場合には、その経費に充当するため、管理組合は、修繕積立金から管理組合の消滅時に建替え不参加者に帰属する修繕積立金相当額を除いた金額を限度として、修繕積立金を取り崩すことができる。

3　第1項にかかわらず、円滑化法第108条第1項のマンション敷地売却決議（以下「マンション敷地売却決議」という。）の後であっても、円滑化法第120条のマンション敷地売却組合の

賄うべきである。

【コメント】第28条関係

①　対象物件の経済的価値を適正に維持するためには、一定期間ごとに行う計画的な維持修繕工事が重要であるので、修繕積立金を必ず積み立てることとしたものである。

②　分譲会社が分譲時において将来の計画修繕に要する経費に充当していくため、一括して購入者より修繕積立基金として徴収している場合や、修繕時に、既存の修繕積立金の額が修繕費用に不足すること等から、一時負担金が区分所有者から徴収される場合があるが、これらについても修繕積立金として積み立てられ、区分経理されるべきものである。

③　円滑化法に基づく建替組合によるマンション建替事業における建替えまでのプロセスの概要は、円滑化法の制定を踏まえ作成された「マンションの建替えに向けた合意形成に関するマニュアル」によれば、次のとおりである。

A．建替え決議までのプロセス

(ｱ)　準備段階：一部の区分所有者から建替えの発意がなされ、それに賛同する有志により、建替えを提起するための基礎的な検討が行われる段階であり、「管理組合として建替えの検討を行うことの合意を得ること」を目標とする。

(ｲ)　検討段階：管理組合として、修繕・改修との比較等による建替えの必要性、建替えの構想について検討する段階であり、「管理組合として、建替えを必要として計画することの合意を得ること」を目標とする。

(ｳ)　計画段階：管理組合として、各区分所有者の合意形成を図りながら、建替えの計画を本格的に検討する段階であり、「建替え計画を

設立の認可までの間において、マンション敷地売却に係る計画等に必要がある場合には、その経費に充当するため、管理組合は、修繕積立金から管理組合の消滅時にマンション敷地売却不参加者に帰属する修繕積立金相当額を除いた金額を限度として、修繕積立金を取り崩すことができる。

4 管理組合は、第1項各号の経費に充てるため借入れをしたときは、修繕積立金をもってその償還に充てることができる。

5 修繕積立金については、管理費とは区分して経理しなければならない。

策定するともに、それを前提とした建替え決議を得ること」を目標とする。

B．建替え決議後のプロセス

(ア) 建替組合の設立段階：定款及び事業計画を定め、都道府県知事等の認可を受けて建替組合を設立する段階。

(イ) 権利変換段階：権利変換計画を策定し、同計画に関し都道府県知事等の認可を受け、権利変換を行う段階。

(ウ) 工事実施段階：建替え工事を施工し、工事完了時にマンション建替事業に係る清算を行う段階。

(エ) 再入居と新管理組合の設立段階：新マンションに入居し、新マンションの管理組合が発足する段階。

④ ③のプロセスのうち、③のA(イ)及び(ウ)の段階においては、管理組合が建替えの検討のため、調査を実施する。調査の主な内容は、再建マンションの設計概要、マンションの取壊し及び再建マンションの建築に要する費用の概算額やその費用分担、再建マンションの区分所有権の帰属に関する事項等である。

⑤ ③のプロセスのうち、③のB(ア)の段階においても、修繕積立金を取り崩すことのできる場合があることを定めたのが第2項である。

⑥ ③のプロセスによらず、円滑化法第45条のマンション建替事業の認可に基づく建替え、又は区分所有者の全員合意に基づく任意の建替えを推進する場合であっても、必要に応じて、第1項及び第2項、又は第2項と同様の方法により、修繕積立金を取り崩すことは可能である。ただし、任意の組織に関しては、その設立時期について管理組合内で共通認識を得ておくことが必要

	である。 ⑦　円滑化法に基づくマンション敷地売却組合によるマンション敷地売却事業のプロセスの概要は、平成26年の円滑化法の改正を踏まえ作成された「耐震性不足のマンションに係るマンション敷地売却ガイドライン」を参考とされたい。この場合にも、建替えの場合と同様に、第1項及び第3項に基づき、必要に応じて、修繕積立金を取り崩すことは可能である。 ⑧　建替え等に係る調査に必要な経費の支出は、各マンションの実態に応じて、管理費から支出する旨管理規約に規定することもできる。
〔※管理組合における電磁的方法の利用状況に応じて、次のように規定〕 　(ｱ)　電磁的方法が利用可能ではない場合 （届出義務） **第31条**　新たに組合員の資格を取得し、又は喪失した者は、直ちにその旨を書面により管理組合に届け出なければならない。 2　組合員は、前項で届け出た内容に変更がある場合には、直ちにその旨を書面により届け出なければならない。 　(ｲ)　電磁的方法が利用可能な場合 （届出義務） **第31条**　新たに組合員の資格を取得し、又は喪失した者は、直ちにその旨を書面又は電磁的方法により管理組合に届け出なければならない。 2　組合員は、前項で届け出た内容に変更がある場合には、直ちにその旨を書面又は電磁的方法により届け出なければならない。	【コメント】第31条関係 ①　第1項の届出書の様式は、次のとおりとする。緊急連絡先は、氏名、届出者との関係及び電話番号等が考えられる。 <table><tr><td>区分所有権取得・喪失届出書 　　　　　　　　　　年　月　日 〇〇マンション管理組合 　理事長　〇〇〇〇　殿 　〇〇マンションにおける区分所有権の取得及び喪失について、下記のとおり届け出ます。 　　　　　　　記 1　対象住戸　　〇〇号室 2　区分所有権を取得した者 　　　　　　氏名 　　　　　　現に居住する住所 　　　　　　電話番号 　　　　　　緊急連絡先 3　区分所有権を喪失した者 　　　　　　氏名 　　　　　　住所（移転先） 4　区分所有権の変動の年月日 　　　　　　　　　年　月　日 5　区分所有権の変動の原因</td></tr></table>

【資料3】

② 専有部分を第三者に譲渡等した場合のみならず、相続によって区分所有権を取得した場合においても、当該包括承継人は第1項の届出を提出する必要がある。なお、遺産分割協議に時間を要する場合などやむを得ない事情により直ちに届出を提出することができない場合には、管理組合の事務の円滑化の観点から、届出が行われるまでの当面の連絡先として、包括承継人の代表者等の連絡先を把握しておくことも考えられる。

③ 第2項の届出書の様式は、次のとおりとする。

住所等変更届出書

　　　　　　　　年　月　日

○○マンション管理組合

理事長　○○○○　殿

届出内容に変更が生じたため、下記のとおり届け出ます。

　　　　　　　記

1　組合員の住戸及び氏名

　　　　　　　○○号室

　　　　　氏名

2　変更の内容（氏名、現に居住する住所、電話番号、緊急連絡先）

3　変更が生じた年月日

　　　　　　　年　月　日

---

④ 第2項のほか、区分所有者が長期間不在にする場合も届出の規定を設けることは、区分所有者に連絡がつかない場合を未然に回避する観点から、有効である。

　なお、第2項及び上述の定めをした場合であっても、届出をしない区分所有者に対する総会招集手続については、第43条第2項ただし書又は第3項によることとなる。

（業務）

第32条 管理組合は、建物並びにその敷地及び附属施設の管理のため、次の各号に掲げる業務を行う。

一 管理組合が管理する敷地及び共用部分等（以下本条及び第48条において「組合管理部分」という。）の保安、保全、保守、清掃、消毒及びごみ処理

二 組合管理部分の修繕

三 長期修繕計画の作成又は変更に関する業務及び長期修繕計画書の管理

四 建替え等に係る合意形成に必要となる事項の調査に関する業務

五 適正化法第103条第1項に定める、宅地建物取引業者から交付を受けた設計図書の管理

六 修繕等の履歴情報の整理及び管理等

七 共用部分等に係る火災保険、地震保険その他の損害保険に関する業務

八 区分所有者が管理する専用使用部分について管理組合が行うことが適当であると認められる管理行為

九 敷地及び共用部分等の変更及び運営

十 修繕積立金の運用

十一 官公署、町内会等との渉外業務

十二 マンション及び周辺の風紀、秩序及び安全の維持、防災並びに居住環境の維持及び向上に関する業務

十三 広報及び連絡業務

十四 管理組合の消滅時における残余財産の清算

十五 その他建物並びにその敷地及び附属施設の管理に関する業務

【コメント】第32条関係

① 建物を長期にわたって良好に維持・管理していくためには、一定の年数の経過ごとに計画的に修繕を行っていくことが必要であり、その対象となる建物の部分、修繕時期、必要となる費用等について、あらかじめ長期修繕計画として定め、区分所有者の間で合意しておくことは、円滑な修繕の実施のために重要である。

② 長期修繕計画の内容としては次のようなものが最低限必要である。

1 計画期間が30年以上で、かつ大規模修繕工事が2回含まれる期間以上とすること。

2 計画修繕の対象となる工事として外壁補修、屋上防水、給排水管取替え、窓及び玄関扉等の開口部の改良等が掲げられ、各部位ごとに修繕周期、工事金額等が定められているものであること。

3 全体の工事金額が定められたものであること。また、長期修繕計画の内容については定期的な見直しをすることが必要である。

③ 長期修繕計画の作成又は変更及び修繕工事の実施の前提として、劣化診断（建物診断）を管理組合として併せて行う必要がある。

④ 長期修繕計画の作成又は変更に要する経費及び長期修繕計画の作成等のための劣化診断（建物診断）に要する経費の充当については、管理組合の財産状態等に応じて管理費又は修繕積立金のどちらからでもできる。

　ただし、修繕工事の前提としての劣化診断（建物診断）に要する経費の充当については、修繕工事の一環としての経費であることから、原則として修繕積立金から取り崩すこととなる。

⑤ 管理組合が管理すべき設計図書は、適正化法第103条第1項に基づいて宅

【資料3】

地建物取引業者から交付される竣工時の付近見取図、配置図、仕様書（仕上げ表を含む。）、各階平面図、2面以上の立面図、断面図又は矩計図、基礎伏図、各階床伏図、小屋伏図、構造詳細図及び構造計算書である。ただし、同条は、適正化法の施行（平成13年8月1日）前に建設工事が完了した建物の分譲については適用されてないこととなっており、これに該当するマンションには上述の図書が交付されていない場合もある。

他方、建物の修繕に有用な書類としては、上述以外の設計関係書類（数量調書、竣工地積測量図等）、特定行政庁関係書類（建築確認通知書、日影協定書等）、消防関係書類、給排水設備図や電気設備図、機械関係設備施設の関係書類、売買契約書関係書類等がある。

このような各マンションの実態に応じて、具体的な図書を規約に記載することが望ましい。

⑥　修繕等の履歴情報とは、大規模修繕工事、計画修繕工事及び設備改修工事等の修繕の時期、箇所、費用及び工事施工者等や、設備の保守点検、建築基準法第12条第1項及び第3項の特定建築物等の定期調査報告及び建築設備（昇降機を含む。）の定期検査報告、消防法第8条の2の2の防火対象物定期点検報告等の法定点検、耐震診断結果、石綿使用調査結果など、維持管理の情報であり、整理して後に参照できるよう管理しておくことが今後の修繕等を適切に実施するためにも有効な情報である。

⑦　管理組合が管理する書類等として、第3号に掲げる長期修繕計画書、第5号及び⑤に掲げる設計図書等、第6号及び⑥に掲げる修繕等の履歴情報が挙げられるが、具体的な保管や閲覧については、第64条第2項で規定するとお

169

り、理事長の責任により行うこととする。その他に、理事長が保管する書類等としては、第49条第3項で定める総会議事録、第49条の2で定める総会資料、第53条第4項の規定に基づき準用される第49条第3項で定める理事会議事録、第53条第5項の規定に基づき準用される第49条の2で定める理事会資料、第64条及び第64条関係コメントに掲げる帳票類等、第64条の2で定める組合員名簿等、第72条で定める規約原本等が挙げられる。このうち、総会議事録及び規約原本の保管は、区分所有法により管理者が保管することとされているものであり、この標準管理規約では理事長を管理者としていることから理事長が保管することとしている。

⑧ 従来、第15号に定める管理組合の業務として、「地域コミュニティにも配慮した居住者間のコミュニティ形成」が掲げられていたが、「コミュニティ」という用語の概念のあいまいさから拡大解釈の懸念があり、とりわけ、管理組合と自治会、町内会等とを混同することにより、自治会的な活動への管理費の支出をめぐる意見対立やトラブル等が生じている実態もあった。一方、管理組合による従来の活動の中でいわゆるコミュニティ活動と称して行われていたもののうち、例えば、マンションやその周辺における美化や清掃、景観形成、防災・防犯活動、生活ルールの調整等で、その経費に見合ったマンションの資産価値の向上がもたらされる活動は、それが区分所有法第3条に定める管理組合の目的である「建物並びにその敷地及び附属施設の管理」の範囲内で行われる限りにおいて可能である。なお、これに該当しない活動であっても、管理組合の役員等である者が個人の資格で参画することは可能である。

	以上を明確にするため、区分所有法第3条を引用し、第32条本文に「建物並びにその敷地及び附属施設の管理のため」を加え、第15号を削除し、併せて、周辺と一体となって行われる各業務を再整理することとし、従来第12号に掲げていた「風紀、秩序及び安全の維持に関する業務」、従来第13号に掲げていた「防災に関する業務」及び「居住環境の維持及び向上に関する業務」を、新たに第12号において「マンション及び周辺の風紀、秩序及び安全の維持、防災並びに居住環境の維持及び向上に関する業務」と規定することとした。なお、改正の趣旨等の詳細については、第27条関係②〜④を参照のこと。 ⑨　マンション内で健康の維持に重大な影響を及ぼすとされる感染症等の発生を把握した場合は、管理組合は、行政からの指示や情報を踏まえて対応することが望ましい。 　また、マンションにおいて、区分所有者等にひとり歩き等の認知症の兆候がみられ、区分所有者等の共同生活や共用部分等の管理に支障を及ぼすおそれがあると認められる事案が発生した場合は、管理組合は、区分所有者等の緊急連絡先を把握している場合には当該緊急連絡先に連絡し、緊急連絡先を把握していない場合や緊急連絡先へ連絡しても状況が進展しない場合等は、地域包括支援センター等へ相談を行うことが望ましい。 ⑩　建替え等により消滅する管理組合は、管理費や修繕積立金等の残余財産を清算する必要がある。なお、清算の方法については、各マンションの実態に応じて規定を整備しておくことが望ましい。
（役員） **第35条**　管理組合に次の役員を置く。	【コメント】第35条関係 ①　管理組合は、建物、敷地等の管理を

一 理事長

二 副理事長 ○名

三 会計担当理事 ○名

四 理事（理事長、副理事長、会計担当理事を含む。以下同じ。） ○名

五 監事 ○名

2 理事及び監事は、総会の決議によって、組合員のうちから選任し、又は解任する。

3 理事長、副理事長及び会計担当理事は、理事会の決議によって、理事のうちから選任し、又は解任する。

> **外部専門家を役員として選任できることとする場合**
>
> 2 理事及び監事は、総会の決議によって、選任し、又は解任する。
>
> 3 理事長、副理事長及び会計担当理事は、理事会の決議によって、理事のうちから選任し、又は解任する。
>
> 4 組合員以外の者から理事又は監事を選任する場合の選任方法については細則で定める。

行うために区分所有者全員で構成される団体であることを踏まえ、役員の資格要件を、当該マンションへの居住の有無に関わりなく区分所有者であるという点に着目して、「組合員」としているが、全般関係③で示したとおり、必要に応じて、マンション管理に係る専門知識を有する外部の専門家の選任も可能とするように当該要件を外すことも考えられる。この場合においては、「外部専門家を役員として選任できることとする場合」の第4項のように、選任方法について細則で定める旨の規定を置くことが考えられる。この場合の専門家としては、マンション管理士のほか弁護士、建築士などで、一定の専門的知見を有する者が想定され、当該マンションの管理上の課題等に応じて適切な専門家を選任することが重要である。

なお、それぞれのマンションの実態に応じて、「○○マンションに現に居住する組合員」（(注) 平成23年改正前の標準管理規約における役員の資格要件）とするなど、居住要件を加えることも考えられる。

② 理事の員数については次の数を参考とする。

1 おおむね10～15戸につき1名選出するものとする。

2 員数の範囲は、最低3名程度、最高20名程度とし、○～○名という枠により定めることもできる。

③ 200戸を超え、役員数が20名を超えるような大規模マンションでは、理事会のみで、実質的検討を行うのが難しくなるので、理事会の中に部会を設け、各部会に理事会の業務を分担して、実質的な検討を行うような、複層的な組織構成、役員の体制を検討する必要がある。

この場合、理事会の運営方針を決め

るため、理事長、副理事長（各部の部長と兼任するような組織構成が望ましい。）による幹部会を設けることも有効である。なお、理事会運営細則を別途定め、部会を設ける場合は、理事会の決議事項につき決定するのは、あくまで、理事全員による理事会であることを明確にする必要がある。

④　本標準管理規約における管理組合は、権利能力なき社団であることを想定しているが（コメント第6条関係参照）、役員として意思決定を行えるのは自然人であり、法人そのものは役員になることができないと解すべきである。したがって、法人が区分所有する専有部分があるマンションにおいて、法人関係者が役員になる場合には、管理組合役員の任務に当たることを当該法人の職務命令として受けた者等を選任することが一般的に想定される。外部専門家として役員を選任する場合であって、法人、団体等から派遣を受けるときも、同様に、当該法人、団体等から指定された者（自然人）を選任することが一般的に想定される。なお、法人の役職員が役員になった場合においては、特に利益相反取引について注意が必要である（第37条の2関係参照）。

⑤　第4項の選任方法に関する細則の内容としては、選任の対象となる外部の専門家の要件や選任の具体的な手続等を想定している。なお、⑥及び第36条の2関係②について併せて参照のこと。

⑥　外部の専門家を役員として選任する場合には、その者が期待された能力等を発揮して管理の適正化、財産的価値の最大化を実現しているか監視・監督する仕組みが必要である。このための一方策として、法人・団体から外部の専門家の派遣を受ける場合には、派遣

173

	元の法人・団体等による報告徴収や業務監査又は外部監査が行われることを選任の要件として、第4項の細則において定めることが考えられる。
（役員の欠格条項） **第36条の2** 次の各号のいずれかに該当する者は、役員となることができない。 一 精神の機能の障害により役員の職務を適正に執行するに当たって必要な認知、判断及び意思疎通を適切に行うことができない者又は破産者で復権を得ない者 二 禁錮以上の刑に処せられ、その執行を終わり、又はその執行を受けることがなくなった日から5年を経過しない者 三 暴力団員等（暴力団員又は暴力団員でなくなった日から5年を経過しない者をいう。）	【コメント】第36条の2関係 ① 選択肢として、役員の資格を組合員に限定することを改め外部の専門家を役員に選任することができるようにしたことを踏まえ、役員の欠格条項を定めるものである。なお、暴力団員等の範囲については、公益社団法人及び公益財団法人の認定等に関する法律（平成18年法律第49号）を参考にした。 ② 外部の専門家からの役員の選任について、第35条第4項として細則で選任方法を定めることとする場合、本条に定めるほか、細則において、次のような役員の欠格条項を定めることとする。 ア 個人の専門家の場合 　・マンション管理に関する各分野の専門的知識を有する者から役員を選任しようとする場合にあっては、マンション管理士の登録の取消し又は当該分野に係る資格についてこれと同様の処分を受けた者 イ 法人から専門家の派遣を受ける場合（アに該当する者に加えて） 　次のいずれかに該当する法人から派遣される役職員は、外部専門家として役員となることができない。 　・銀行取引停止処分を受けている法人 　・管理業者の登録の取消しを受けた法人
（理事長） **第38条** 理事長は、管理組合を代表し、その業務を統括するほか、次の各号に掲げる業務を遂行する。 一 規約、使用細則等又は総会若しくは理事会の決議により、理事長の職務として定められた事項	【コメント】第38条関係 ① 例えば植栽による日照障害などの日常生活のトラブルの対応において、日照障害における植栽の伐採などの重要な問題に関しては総会の決議により決定することが望ましい。 ② 第3項について、WEB会議システ

174

【資料３】

二　理事会の承認を得て、職員を採用し、又は解雇すること。

2　理事長は、区分所有法に定める管理者とする。

3　理事長は、通常総会において、組合員に対し、前会計年度における管理組合の業務の執行に関する報告をしなければならない。

4　理事長は、○か月に１回以上、職務の執行の状況を理事会に報告しなければならない。

5　理事長は、理事会の承認を受けて、他の理事に、その職務の一部を委任することができる。

6　管理組合と理事長との利益が相反する事項については、理事長は、代表権を有しない。この場合においては、監事又は理事長以外の理事が管理組合を代表する。

ム等を用いて開催する通常総会において、理事長が当該システム等を用いて出席し報告を行うことも可能であるが、WEB会議システム等を用いない場合と同様に、各組合員からの質疑への応答等について適切に対応する必要があることに留意すべきである。

③　第４項は、理事長が職務の執行の状況を理事会に定期的に（例えば、「３か月に１回以上」等）報告すべき旨を定めたものである。なお、WEB会議システム等を用いて開催する理事会において、理事長が当該システム等を用いて出席し報告を行うことも可能であるが、WEB会議システム等を用いない場合と同様に、各理事からの質疑等への応答等について適切に対応する必要があることに留意すべきである。

④　第６項については、第37条の２関係を参照のこと。

（監事）

第41条　監事は、管理組合の業務の執行及び財産の状況を監査し、その結果を総会に報告しなければならない。

2　監事は、いつでも、理事及び第38条第１項第２号に規定する職員に対して業務の報告を求め、又は業務及び財産の状況の調査をすることができる。

3　監事は、管理組合の業務の執行及び財産の状況について不正があると認めるときは、臨時総会を招集することができる。

4　監事は、理事会に出席し、必要があると認めるときは、意見を述べなければならない。

5　監事は、理事が不正の行為をし、若しくは当該行為をするおそれがあると認めるとき、又は法令、規約、使用細則等、総会の決議若しくは理事会の決議に違反する事実若しくは著しく不当な事実があると認めるときは、遅滞なく、その旨を理事会に報告しなければ

【コメント】第41条関係

①　第１項では、監事の基本的な職務内容について定める。これには、理事が総会に提出しようとする議案を調査し、その調査の結果、法令又は規約に違反し、又は著しく不当な事項があると認めるときの総会への報告が含まれる。なお、監事が第１項の監査を行う際には、電磁的記録により作成されている書類を、必要に応じて遠隔地からも電磁的方法により監査することが想定される。また、第２項は、第１項の規定を受けて、具体的な報告請求権と調査権について定めるものである。

②　第４項は、従来「できる規定」として定めていたものであるが、監事による監査機能の強化のため、理事会への出席義務を課すとともに、必要があるときは、意見を述べなければならないとしたものである。ただし、理事会は第52条に規定する招集手続を経た上で、第53条第１項の要件を満たせば開

175

ならない。

6　監事は、前項に規定する場合において、必要があると認めるときは、理事長に対し、理事会の招集を請求することができる。

7　前項の規定による請求があった日から5日以内に、その請求があった日から2週間以内の日を理事会の日とする理事会の招集の通知が発せられない場合は、その請求をした監事は、理事会を招集することができる。

くことが可能であり、監事が出席しなかったことは、理事会における決議等の有効性には影響しない。

③　第5項により監事から理事会への報告が行われた場合には、理事会は、当該事実について検討することが必要である。第5項に定める報告義務を履行するために必要な場合には、監事は、理事長に対し、理事会の招集を請求することができる旨を定めたのが、第6項である。さらに、第7項で、理事会の確実な開催を確保することとしている。

(総会) 第42条　管理組合の総会は、総組合員で組織する。 2　総会は、通常総会及び臨時総会とし、区分所有法に定める集会とする。 3　理事長は、通常総会を、毎年1回新会計年度開始以後2か月以内に招集しなければならない。 4　理事長は、必要と認める場合には、理事会の決議を経て、いつでも臨時総会を招集することができる。 5　総会の議長は、理事長が務める。	【コメント】第42条関係 (第3項関係) 　災害又は感染症の感染拡大等への対応として、WEB会議システム等を用いて会議を開催することも考えられるが、やむを得ない場合においては、通常総会を必ずしも「新会計年度開始以後2か月以内」に招集する必要はなく、これらの状況が解消された後、遅滞なく招集すれば足りると考えられる。 (第5項関係) 　総会において、議長を選任する旨の定めをすることもできる。
(招集手続) 第43条　総会を招集するには、少なくとも会議を開く日の2週間前（会議の目的が建替え決議又はマンション敷地売却決議であるときは2か月前）までに、会議の日時、場所（WEB会議システム等を用いて会議を開催するときは、その開催方法）及び目的を示して、組合員に通知を発しなければならない。 2　前項の通知は、管理組合に対し組合員が届出をしたあて先に発するものとする。ただし、その届出のない組合員に対しては、対象物件内の専有部分の所在地あてに発するものとする。 3　第1項の通知は、対象物件内に居住	【コメント】第43条関係 (第1項関係) 　WEB会議システム等を用いて会議を開催する場合における通知事項のうち、「開催方法」については、当該WEB会議システム等にアクセスするためのURLが考えられ、これに合わせて、なりすまし防止のため、WEB会議システム等を用いて出席を予定する組合員に対しては個別にID及びパスワードを送付することが考えられる。 (第3項、第8項関係) 　所定の掲示場所は、建物内の見やすい場所に設けるものとする。また、書面での掲示のほか、ディスプレイに情報を投影する掲示方法も想定される。以下同

【資料3】

する組合員及び前項の届出のない組合員に対しては、その内容を所定の掲示場所に掲示することをもって、これに代えることができる。

4　第1項の通知をする場合において、会議の目的が第47条第3項第1号、第2号若しくは第4号に掲げる事項の決議又は建替え決議若しくはマンション敷地売却決議であるときは、その議案の要領をも通知しなければならない。

5　会議の目的が建替え決議であるときは、前項に定める議案の要領のほか、次の事項を通知しなければならない。

一　建替えを必要とする理由

二　建物の建替えをしないとした場合における当該建物の効用の維持及び回復（建物が通常有すべき効用の確保を含む。）をするのに要する費用の額及びその内訳

三　建物の修繕に関する計画が定められているときは、当該計画の内容

四　建物につき修繕積立金として積み立てられている金額

6　会議の目的がマンション敷地売却決議であるときは、第4項に定める議案の要領のほか、次の事項を通知しなければならない。

一　売却を必要とする理由

二　次に掲げる場合の区分に応じ、それぞれ次に定める事項

　イ　マンションが円滑化法第102条第2項第1号に該当するとして同条第1項の認定（以下「特定要除却認定」という。）を受けている場合　次に掲げる事項

　⑴　建築物の耐震改修の促進に関する法律（平成7年法律第123号）第2条第2項に規定する耐震改修又はマンションの建替えをしない理由

　⑵　⑴の耐震改修に要する費用の概算額

　ロ　マンションが円滑化法第102条

じ。

(第7項関係)

　総会と同様に、WEB会議システム等を用いて説明会を開催することも可能である。

177

第2項第2号に該当するとして特定要除却認定を受けている場合次に掲げる事項
  (1) 火災に対する安全性の向上を目的とした改修又はマンションの建替えをしない理由
  (2) (1)の改修に要する費用の概算額
 ハ マンションが円滑化法第102条第2項第3号に該当するとして特定要除却認定を受けている場合次に掲げる事項
  (1) 外壁等の剥離及び落下の防止を目的とした改修又はマンションの建替えをしない理由
  (2) (1)の改修に要する費用の概算額
7 建替え決議又はマンション敷地売却決議を目的とする総会を招集する場合、少なくとも会議を開く日の1か月前までに、当該招集の際に通知すべき事項について組合員に対し説明を行うための説明会を開催しなければならない。
8 第45条第2項の場合には、第1項の通知を発した後遅滞なく、その通知の内容を、所定の掲示場所に掲示しなければならない。
9 第1項（会議の目的が建替え決議又はマンション敷地売却決議であるときを除く。）にかかわらず、緊急を要する場合には、理事長は、理事会の承認を得て、5日間を下回らない範囲において、第1項の期間を短縮することができる。

（議決権） **第46条** 各組合員の議決権の割合は、別表第5に掲げるとおりとする。 2 住戸1戸が数人の共有に属する場合、その議決権行使については、これら共有者をあわせて一の組合員とみなす。	**【コメント】第46条関係** ① 議決権については、共用部分の共有持分の割合、あるいはそれを基礎としつつ賛否を算定しやすい数字に直した割合によることが適当である。 ② 各住戸の面積があまり異ならない場合は、住戸1戸につき各1個の議決権

【資料3】

3　前項により一の組合員とみなされる者は、議決権を行使する者１名を選任し、その者の氏名をあらかじめ総会開会までに理事長に届け出なければならない。

4　組合員は、書面又は代理人によって議決権を行使することができる。

5　組合員が代理人により議決権を行使しようとする場合において、その代理人は、以下の各号に掲げる者でなければならない。

一　その組合員の配偶者（婚姻の届出をしていないが事実上婚姻関係と同様の事情にある者を含む。）又は一親等の親族

二　その組合員の住戸に同居する親族

三　他の組合員

6　組合員又は代理人は、代理権を証する書面を理事長に提出しなければならない。

〔※管理組合における電磁的方法の利用状況に応じて、次のように規定〕

(ア)　電磁的方法が利用可能ではない場合
（規定なし）

(イ)　電磁的方法が利用可能な場合

7　組合員は、第４項の書面による議決権の行使に代えて、電磁的方法によって議決権を行使することができる。

8　組合員又は代理人は、第６項の書面の提出に代えて、電磁的方法によって提出することができる。

により対応することも可能である。

また、住戸の数を基準とする議決権と専有面積を基準とする議決権を併用することにより対応することも可能である。

③　①や②の方法による議決権割合の設定は、各住戸が比較的均質である場合には妥当であるものの、高層階と低層階での眺望等の違いにより住戸の価値に大きな差が出る場合もあることのほか、民法第252条本文が共有物の管理に関する事項につき各共有者の持分の価格の過半数で決すると規定していることに照らして、新たに建てられるマンションの議決権割合について、より適合的な選択肢を示す必要があると考えられる。これにより、特に、大規模な改修や建替え等を行う旨を決定する場合、建替え前のマンションの専有部分の価値等を考慮して建替え後の再建マンションの専有部分を配分する場合等における合意形成の円滑化が期待できるといった考え方もある。

このため、住戸の価値に大きな差がある場合においては、単に共用部分の共有持分の割合によるのではなく、専有部分の階数（眺望、日照等）、方角（日照等）等を考慮した価値の違いに基づく価値割合を基礎として、議決権の割合を定めることも考えられる。この価値割合とは、専有部分の大きさ及び立地（階数・方角等）等を考慮した効用の違いに基づく議決権割合を設定するものであり、住戸内の内装や備付けの設備等住戸内の豪華さ等も加味したものではないことに留意する。

また、この価値は、必ずしも各戸の実際の販売価格に比例するものではなく、全戸の販売価格が決まっていなくても、各戸の階数・方角（眺望、日照等）などにより、別途基準となる価値を設定し、その価値を基にした議決権

179

割合を新築当初に設定することが想定される。ただし、前方に建物が建築されたことによる眺望の変化等の各住戸の価値に影響を及ぼすような事後的な変化があったとしても、それによる議決権割合の見直しは原則として行わないものとする。

なお、このような価値割合による議決権割合を設定する場合には、分譲契約等によって定まる敷地等の共有持分についても、価値割合に連動させることが考えられる。

④ 特定の者について利害関係が及ぶような事項を決議する場合には、その特定の少数者の意見が反映されるよう留意する。

⑤ 総会は管理組合の最高の意思決定機関であることを踏まえると、代理人は、区分所有者としての組合員の意思が総会に適切に反映されるよう、区分所有者の立場から見て利害関係が一致すると考えられる者に限定することが望ましい。第5項は、この観点から、組合員が代理人によって議決権を行使する場合の代理人の範囲について規約に定めることとした場合の規定例である。また、総会の円滑な運営を図る観点から、代理人の欠格事由として暴力団等を規約に定めておくことも考えられる。なお、成年後見人、財産管理人等の組合員の法定代理人については、法律上本人に代わって行為を行うことが予定されている者であり、当然に議決権の代理行使をする者の範囲に含まれる。

⑥ 書面による議決権の行使とは、総会には出席しないで、総会の開催前に各議案ごとの賛否を記載した書面(いわゆる「議決権行使書」)を総会の招集者に提出することである。他方、代理人による議決権の行使とは、代理権を証する書面(いわゆる「委任状」。電磁的方法による提出が利用可能な場合

【資料3】

は、電磁的方法を含む。）によって、組合員本人から授権を受けた代理人が総会に出席して議決権を行使することである。

このように、議決権行使書と委任状は、いずれも組合員本人が総会に出席せずに議決権の行使をする方法であるが、議決権行使書による場合は組合員自らが主体的に賛否の意思決定をするのに対し、委任状による場合は賛否の意思決定を代理人に委ねるという点で性格が大きく異なるものである。そもそも総会が管理組合の最高の意思決定機関であることを考えると、組合員本人が自ら出席して、議場での説明や議論を踏まえて議案の賛否を直接意思表示することが望ましいのはもちろんである。しかし、やむを得ず総会に出席できない場合であっても、組合員の意思を総会に直接反映させる観点からは、議決権行使書によって組合員本人が自ら賛否の意思表示をすることが望ましく、そのためには、総会の招集の通知において議案の内容があらかじめなるべく明確に示されることが重要であることに留意が必要である。

⑦ 代理人による議決権の行使として、誰を代理人とするかの記載のない委任状（いわゆる「白紙委任状」）が提出された場合には、当該委任状の効力や議決権行使上の取扱いについてトラブルとなる場合があるため、そのようなトラブルを防止する観点から、例えば、委任状の様式等において、委任状を用いる場合には誰を代理人とするかについて主体的に決定することが必要であること、適当な代理人がいない場合には代理人欄を空欄とせず議決権行使書によって自ら賛否の意思表示をすることが必要であること等について記載しておくことが考えられる。

⑧ WEB会議システム等を用いて総会に出席している組合員が議決権を行使

する場合の取扱いは、WEB会議システム等を用いずに総会に出席している組合員が議決権を行使する場合と同様であり、区分所有法第39条第3項に規定する規約の定めや集会の決議は不要である。ただし、第三者が組合員になりすました場合やサイバー攻撃や大規模障害等による通信手段の不具合が発生した場合等には、総会の決議が無効となるおそれがあるなどの課題に留意する必要がある。

（総会の会議及び議事）

第47条 総会の会議（WEB会議システム等を用いて開催する会議を含む。）は、前条第1項に定める議決権総数の半数以上を有する組合員が出席しなければならない。

2 総会の議事は、出席組合員の議決権の過半数で決する。

3 次の各号に掲げる事項に関する総会の議事は、前項にかかわらず、組合員総数の4分の3以上及び議決権総数の4分の3以上で決する。

一 規約の制定、変更又は廃止

二 敷地及び共用部分等の変更（その形状又は効用の著しい変更を伴わないもの及び建築物の耐震改修の促進に関する法律第25条第2項に基づく認定を受けた建物の耐震改修を除く。）

三 区分所有法第58条第1項、第59条第1項又は第60条第1項の訴えの提起

四 建物の価格の2分の1を超える部分が滅失した場合の滅失した共用部分の復旧

五 その他総会において本項の方法により決議することとした事項

4 建替え決議は、第2項にかかわらず、組合員総数の5分の4以上及び議決権総数の5分の4以上で行う。

5 マンション敷地売却決議は、第2項

【コメント】第47条関係

① 第1項の定足数について、議決権を行使することができる組合員がWEB会議システム等を用いて出席した場合については、定足数の算出において出席組合員に含まれると考えられる。これに対して、議決権を行使することができない傍聴人としてWEB会議システム等を用いて議事を傍聴する組合員については、出席組合員には含まれないと考えられる。

② 第2項は、議長を含む出席組合員（書面（電磁的方法による議決権の行使が利用可能な場合は、電磁的方法を含む。）又は代理人によって議決権を行使する者を含む。）の議決権の過半数で決議し、過半数の賛成を得られなかった議事は否決とすることを意味するものである。

③ 特に慎重を期すべき事項を特別の決議によるものとした。あとの事項は、会議運営の一般原則である多数決によるものとした。

④ 区分所有法では、共用部分の変更に関し、区分所有者及び議決権の各4分の3以上の多数による集会の決議（特別多数決議）で決することを原則としつつ、その形状又は効用の著しい変更を伴わない共用部分の変更については区分所有者及び議決権の各過半数によることとしている（なお、共用部分の

【資料3】

にかかわらず、組合員総数、議決権総数及び敷地利用権の持分の価格の各5分の4以上で行う。

〔※管理組合における電磁的方法の利用状況に応じて、次のように規定〕

(ア) 電磁的方法が利用可能ではない場合

6　前五項の場合において、書面又は代理人によって議決権を行使する者は、出席組合員とみなす。

(イ) 電磁的方法が利用可能な場合

6　前五項の場合において、書面、電磁的方法又は代理人によって議決権を行使する者は、出席組合員とみなす。

7　第3項第1号において、規約の制定、変更又は廃止が一部の組合員の権利に特別の影響を及ぼすべきときは、その承諾を得なければならない。この場合において、その組合員は正当な理由がなければこれを拒否してはならない。

8　第3項第2号において、敷地及び共用部分等の変更が、専有部分又は専用使用部分の使用に特別の影響を及ぼすべきときは、その専有部分を所有する組合員又はその専用使用部分の専用使用を認められている組合員の承諾を得なければならない。この場合において、その組合員は正当な理由がなければこれを拒否してはならない。

9　第3項第3号に掲げる事項の決議を行うには、あらかじめ当該組合員又は占有者に対し、弁明する機会を与えなければならない。

10　総会においては、第43条第1項によりあらかじめ通知した事項についてのみ、決議することができる。

変更が専有部分の使用に特別の影響を及ぼすべきときは、区分所有法第17条第2項（第18条第3項において準用する場合を含む。）の規定に留意が必要である（第8項参照）。）。

　建物の維持・保全に関して、区分所有者は協力してその実施に努めるべきであることを踏まえ、機動的な実施を可能とするこの区分所有法の規定を、標準管理規約上も確認的に規定したのが第47条第3項第2号である。

　なお、建築物の耐震改修の促進に関する法律第25条の規定により、要耐震改修認定区分所有建築物の耐震改修については、区分所有法の特例として、敷地及び共用部分等の形状又は効用の著しい変更に該当する場合であっても、過半数の決議（普通決議）で実施可能となっている。

⑤　第1項に基づき議決権総数の半数を有する組合員が出席する総会において、第2項に基づき出席組合員の議決権の過半数で決議（普通決議）される事項は、総組合員の議決権総数の4分の1超の賛成により決議されることに鑑み、例えば、大規模修繕工事のように多額の費用を要する事項については、組合員総数及び議決権総数の過半数で、又は議決権総数の過半数で決する旨規約に定めることもできる。

⑥　このような規定の下で、各工事に必要な総会の決議に関しては、例えば次のように考えられる。ただし、基本的には各工事の具体的内容に基づく個別の判断によることとなる。

ア）　バリアフリー化の工事に関し、建物の基本的構造部分を取り壊す等の加工を伴わずに階段にスロープを併設し、手すりを追加する工事は普通決議により、階段室部分を改造したり、建物の外壁に新たに外付けしたりして、エレベーターを新たに設置する工事は特別多数決議により実施

183

可能と考えられる。

ｲ）　耐震改修工事に関し、柱やはりに
炭素繊維シートや鉄板を巻き付けて
補修する工事や、構造躯体に壁や筋
かいなどの耐震部材を設置する工事
で基本的構造部分への加工が小さい
ものは普通決議により実施可能と考
えられる。

ｳ）　防犯化工事に関し、オートロック
設備を設置する際、配線を、空き管
路内に通したり、建物の外周に敷設
したりするなど共用部分の加工の程
度が小さい場合の工事や、防犯カメ
ラ、防犯灯の設置工事は普通決議に
より、実施可能と考えられる。

ｴ）　宅配ボックスの設置工事に関し、
壁や床面に宅配ボックスを固定する
など、共用部分の加工の程度が小さ
い場合は、普通決議により実施可能
と考えられる。

ｵ）　IT化工事に関し、光ファイバー・
ケーブルの敷設工事を実施する場
合、その工事が既存のパイプスペー
スを利用するなど共用部分の形状に
変更を加えることなく実施できる場
合や、新たに光ファイバー・ケーブ
ルを通すために、外壁、耐力壁等に
工事を加え、その形状を変更するよ
うな場合でも、建物の躯体部分に相
当程度の加工を要するものではな
く、外観を見苦しくない状態に復元
するのであれば、普通決議により実
施可能と考えられる。

ｶ）　充電設備の設置工事に関し、充電
器自体の設置及び配線を通すために
必要な配管の設置など、建物の躯体
部分や敷地への加工の程度が小さい
工事を行う場合や、敷地へ相当程度
の加工を加えることなく受変電設備
を変更する場合は、普通決議により
実施可能と考えられる。

ｷ）　計画修繕工事に関し、鉄部塗装工
事、外壁補修工事、屋上等防水工

事、給水管更生・更新工事、照明設備、共聴設備、消防用設備、エレベーター設備の更新工事は普通決議で実施可能と考えられる。

ク　その他、集会室、駐車場、駐輪場の増改築工事（充電設備の設置工事等他の工事に伴って行われる場合も含む。）などで、大規模なものや著しい加工を伴うものは特別多数決議により、窓枠、窓ガラス、玄関扉等の一斉交換工事、既に不要となったダストボックスや高置水槽等の撤去工事は普通決議により、実施可能と考えられる。

⑦　建替え決議及びマンション敷地売却決議の賛否は、売渡し請求の相手方になるかならないかに関係することから、賛成者、反対者が明確にわかるよう決議することが必要である。なお、第4項及び第5項の決議要件については、法定の要件を確認的に規定したものである。

（議決事項）	【コメント】第48条関係
第48条　次の各号に掲げる事項については、総会の決議を経なければならない。 一　規約及び使用細則等の制定、変更又は廃止 二　役員の選任及び解任並びに役員活動費の額及び支払方法 三　収支決算及び事業報告 四　収支予算及び事業計画 五　長期修繕計画の作成又は変更 六　管理費等及び使用料の額並びに賦課徴収方法 七　修繕積立金の保管及び運用方法 八　適正化法第5条の3第1項に基づく管理計画の認定の申請、同法第5条の6第1項に基づく管理計画の認定の更新の申請及び同法第5条の7第1項に基づく管理計画の変更の認定の申請	マンションを適切に維持管理していくためには、各区分所有者が管理組合会計の収支状況を把握していることが重要であり、特に、適切な修繕積立金の確保の観点から、修繕積立金の額を変更する必要性を認識することは極めて重要である。毎年の総会において、長期修繕計画上の積立予定額と現時点における積立額の差を明示するためにこれらの情報を記載した資料を提示したり、長期修繕計画を総会資料に添付したりするとともに、段階増額積立方式を採用している場合は今後の変更予定時期及び変更予定額を説明することも、合意形成に有効と考えられる。

九　第21条第2項に定める管理の実施 十　第28条第1項に定める特別の管理 　　の実施並びにそれに充てるための資 　　金の借入れ及び修繕積立金の取崩し 十一　区分所有法第57条第2項及び前 　　条第3項第3号の訴えの提起並びに 　　これらの訴えを提起すべき者の選任 十二　建物の一部が滅失した場合の滅 　　失した共用部分の復旧 十三　円滑化法第102条第1項に基づ 　　く除却の必要性に係る認定の申請 十四　区分所有法第62条第1項の場合 　　の建替え及び円滑化法第108条第1 　　項の場合のマンション敷地売却 十五　第28条第2項及び第3項に定め 　　る建替え等に係る計画又は設計等の 　　経費のための修繕積立金の取崩し 十六　組合管理部分に関する管理委託 　　契約の締結 十七　その他管理組合の業務に関する 　　重要事項	
〔※管理組合における電磁的方法の利用 状況に応じて、次のように規定〕 (ア)　電磁的方法が利用可能ではない場合 （議事録の作成、保管等） **第49条**　総会の議事については、議長 は、議事録を作成しなければならな い。 2　議事録には、議事の経過の要領及び その結果を記載し、議長及び議長の指 名する2名の総会に出席した組合員が これに署名しなければならない。 3　理事長は、議事録を保管し、組合員 又は利害関係人の書面による請求が あったときは、議事録の閲覧をさせな ければならない。この場合において、 閲覧につき、相当の日時、場所等を指 定することができる。 4　理事長は、所定の掲示場所に、議事 録の保管場所を掲示しなければならな い。 (イ)　電磁的方法が利用可能な場合	**【コメント】第49条関係** ①　第3項の「利害関係人」とは、敷 地、専有部分に対する担保権者、差押 え債権者、賃借人、組合員からの媒介 の依頼を受けた宅地建物取引業者等法 律上の利害関係がある者をいい、単に 事実上利益や不利益を受けたりする 者、親族関係にあるだけの者等は対象 とはならない。 ②　議事録には、個人情報やプライバ シー情報が含まれる場合も多いこと から、閲覧等に当たっては、発言者や審 議内容から特定の個人が識別できない ように加工するなど、適切に対応する ことが必要である。 ③　電磁的記録の具体例には、磁気ディ スク、磁気テープ等のような磁気的方 式によるもの、ICカード、ICメモリー 等のような電子的方式によるもの、 CD-Rのような光学的方式によるもの などによって調製するファイルに情報

（議事録の作成、保管等）

第49条 総会の議事については、議長は、書面又は電磁的記録により、議事録を作成しなければならない。

2 議事録には、議事の経過の要領及びその結果を記載し、又は記録しなければならない。

3 前項の場合において、議事録が書面で作成されているときは、議長及び議長の指名する2名の総会に出席した組合員がこれに署名しなければならない。

4 第2項の場合において、議事録が電磁的記録で作成されているときは、当該電磁的記録に記録された情報については、議長及び議長の指名する2名の総会に出席した組合員が電子署名（電子署名及び認証業務に関する法律（平成12年法律第102号）第2条第1項の「電子署名」をいう。以下同じ。）をしなければならない。

5 理事長は、議事録を保管し、組合員又は利害関係人の書面又は電磁的方法による請求があったときは、議事録の閲覧（議事録が電磁的記録で作成されているときは、当該電磁的記録に記録された情報の内容を紙面又は出力装置の映像面に表示する方法により表示したものの当該議事録の保管場所における閲覧をいう。）をさせなければならない。この場合において、閲覧につき、相当の日時、場所等を指定することができる。ただし、議事録が電磁的記録で作成されているときには、組合員又は利害関係人からの求めがある場合に閲覧に代えて、当該電磁的記録に記録された情報を電磁的方法により提供することができる。

6 理事長は、所定の掲示場所に、議事録の保管場所を掲示しなければならない。

を記録したものがある。

④ 電子署名及び認証業務に関する法律第2条第1項の電子署名とは、電磁的記録（電子的方式、磁気的方式その他人の知覚によっては認識することができない方式で作られる記録であって、電子計算機による情報処理の用に供されるもの）に記録することができる情報について行われる措置であって、次のア）及びイ）のいずれにも該当するものである。

ア）当該情報が当該措置を行ったものの作成に係るものであることを示すためのものであること。

イ）当該情報について改変が行われていないかどうかを確認することができるものであること。

〔※管理組合における電磁的方法の利用状況に応じて、次のように規定〕 (ア) 電磁的方法が利用可能ではない場合 **（総会資料の保管等）** **第49条の2** 理事長は、議案書及び付随する資料を保管し、組合員又は利害関係人の理由を付した書面による請求があったときは、議案書及び付随する資料の閲覧をさせなければならない。この場合において、閲覧につき、相当の日時、場所等を指定することができる。 (イ) 電磁的方法が利用可能な場合 **（総会資料の保管等）** **第49条の2** 理事長は、議案書及び付随する資料を書面又は電磁的記録により保管し、組合員又は利害関係人の理由を付した書面又は電磁的方法による請求があったときは、議案書及び付随する資料の閲覧をさせなければならない。この場合において、閲覧につき、相当の日時、場所等を指定することができる。 2 電磁的記録により作成された議案書及び付随する資料の閲覧については、前条第5項に定める議事録の閲覧及び提供に関する規定を準用する。	**【コメント】第49条の2関係** 　理事長が保管すべき付随する資料とは、第48条において議決事項として掲げる書類の案のほか、参考資料として総会において配布された資料等が該当する。
〔※管理組合における電磁的方法の利用状況に応じて、次のように規定〕 (ア) 電磁的方法が利用可能ではない場合 **（書面による決議）** **第50条** 規約により総会において決議をすべき場合において、組合員全員の承諾があるときは、書面による決議をすることができる。 2 規約により総会において決議すべきものとされた事項については、組合員全員の書面による合意があったときは、書面による決議があったものとみなす。 3 規約により総会において決議すべきものとされた事項についての書面によ	

188

【資料3】

る決議は、総会の決議と同一の効力を
有する。

4　第49条第3項及び第4項の規定は、
書面による決議に係る書面について準
用する。

5　総会に関する規定は、書面による決
議について準用する。

（イ）　電磁的方法が利用可能な場合

（書面又は電磁的方法による決議）

第50条　規約により総会において決議を
すべき場合において、組合員全員の承
諾があるときは、書面又は電磁的方法
による決議をすることができる。ただ
し、電磁的方法による決議に係る組合
員の承諾については、あらかじめ、組合
員に対し、その用いる電磁的方法の種
類及び内容を示し、書面又は電磁的方
法による承諾を得なければならない。

2　前項の電磁的方法の種類及び内容
は、次に掲げる事項とする。

一　電磁的方法のうち、送信者が使用
するもの

二　ファイルへの記録の方式

3　規約により総会において決議すべき
ものとされた事項については、組合員
の全員の書面又は電磁的方法による合
意があったときは、書面又は電磁的方
法による決議があったものとみなす。

4　規約により総会において決議すべき
ものとされた事項についての書面又は
電磁的方法による決議は、総会の決議
と同一の効力を有する。

5　第49条第5項及び第6項の規定は、
書面又は電磁的方法による決議に係る
書面並びに第1項及び第3項の電磁的
方法が行われた場合に当該電磁的方法
により作成される電磁的記録について
準用する。

6　総会に関する規定は、書面又は電磁
的方法による決議について準用する。

（理事会の会議及び議事） **第53条**　理事会の会議（WEB会議シス	**【コメント】**第53条関係 ①　理事は、総会で選任され、組合員の

189

テム等を用いて開催する会議を含む。）は、理事の半数以上が出席しなければ開くことができず、その議事は出席理事の過半数で決する。

2　次条第１項第５号に掲げる事項については、理事の過半数の承諾があるときは、書面又は電磁的方法による決議によることができる。

3　前二項の決議について特別の利害関係を有する理事は、議決に加わることができない。

〔※管理組合における電磁的方法の利用状況に応じて、次のように規定〕

⎿㋐　電磁的方法が利用可能ではない場合⏌

4　議事録については、第49条（第４項を除く。）の規定を準用する。ただし、第49条第２項中「総会に出席した組合員」とあるのは「理事会に出席した理事」と読み替えるものとする。

⎿㋑　電磁的方法が利用可能な場合⏌

4　議事録については、第49条（第６項を除く。）の規定を準用する。ただし、第49条第３項及び第４項中「総会に出席した組合員」とあるのは「理事会に出席した理事」と読み替えるものとする。

5　理事会で使用した資料については、第49条の２の規定を準用する。

ため、誠実にその職務を遂行するものとされている。このため、理事会には本人が出席して、議論に参加し、議決権を行使することが求められる。

②　したがって、理事の代理出席（議決権の代理行使を含む。以下同じ。）を、規約において認める旨の明文の規定がない場合に認めることは適当でない。

③　「理事に事故があり、理事会に出席できない場合は、その配偶者又は一親等の親族（理事が、組合員である法人の職務命令により理事となった者である場合は、法人が推挙する者）に限り、代理出席を認める」旨を定める規約の規定は有効であると解されるが、あくまで、やむを得ない場合の代理出席を認めるものであることに留意が必要である。この場合においても、あらかじめ、理事の職務を代理するにふさわしい資質・能力を有するか否かを考慮して、その職務を代理する者を定めておくことが望ましい。

なお、外部専門家など当人の個人的資質や能力等に着目して選任されている理事については、代理出席を認めることは適当でない。

④　理事がやむを得ず欠席する場合には、代理出席によるのではなく、事前に議決権行使書又は意見を記載した書面を出せるようにすることが考えられる。これを認める場合には、理事会に出席できない理事が、あらかじめ通知された事項について、書面をもって表決することを認める旨を、規約の明文の規定で定めることが必要である。

⑤　理事会に出席できない理事に対しては、理事会の議事についての質問機会の確保、書面等による意見の提出や議決権行使を認めるなどの配慮をする必要がある。

また、WEB会議システム等を用いて開催する理事会を開催する場合は、

当該理事会における議決権行使の方法等を、規約や第70条に基づく細則において定めることも考えられ、この場合においても、規約や使用細則等に則り理事会議事録を作成することが必要となる点などについて留意する必要がある。

なお、第1項の定足数について、理事がWEB会議システム等を用いて出席した場合については、定足数の算出において出席理事に含まれると考えられる。

⑥ 第2項は、本来、①のとおり、理事会には理事本人が出席して相互に議論することが望ましいところ、例外的に、第54条第1項第5号に掲げる事項については、申請数が多いことが想定され、かつ、迅速な審査を要するものであることから、書面又は電磁的方法による決議を可能とするものである。

⑦ 第3項については、第37条の2関係を参照のこと。

（議決事項）

第54条 理事会は、この規約に別に定めるもののほか、次の各号に掲げる事項を決議する。

一 収支決算案、事業報告案、収支予算案及び事業計画案

二 規約及び使用細則等の制定、変更又は廃止に関する案

三 長期修繕計画の作成又は変更に関する案

四 その他の総会提出議案

五 第17条、第21条及び第22条に定める承認又は不承認

六 第58条第3項に定める承認又は不承認

七 第60条第4項に定める未納の管理費等及び使用料の請求に関する訴訟その他法的措置の追行

八 第60条第5項に定める弁済の充当の順序の設定

【コメント】第54条関係

① 第1項第12号の「災害等により総会の開催が困難である場合における応急的な修繕工事の実施等」の具体的内容については、次のとおりである。

ア 緊急対応が必要となる災害の範囲としては、地震、台風、集中豪雨、竜巻、落雷、豪雪、噴火などが考えられる。なお、「災害等」の「等」の例としては、災害と連動して又は単独で発生する火災、爆発、物の落下などが該当する。

イ 「総会の開催が困難である場合」とは、避難や交通手段の途絶等により、組合員の総会への出席が困難である場合である。

ウ 「応急的な修繕工事」は、保存行為に限られるものではなく、二次被害の防止や生活の維持等のために緊急対応が必要な、共用部分の軽微な

九　第67条に定める勧告又は指示等
十　第67条の2第1項に定める区分所
　　有者の所在等の探索
十一　総会から付託された事項
十二　災害等により総会の開催が困難
　　である場合における応急的な修繕工
　　事の実施等
十三　理事長、副理事長及び会計担当
　　理事の選任及び解任
2　第48条の規定にかかわらず、理事会
　は、前項第12号の決議をした場合にお
　いては、当該決議に係る応急的な修繕
　工事の実施に充てるための資金の借入
　れ及び修繕積立金の取崩しについて決
　議することができる。

変更（形状又は効用の著しい変更を
伴わないもの）や狭義の管理行為
（変更及び保存行為を除く、通常の
利用、改良に関する行為）も含ま
れ、例えば、給水・排水、電気、ガ
ス、通信といったライフライン等の
応急的な更新、エレベーター附属設
備の更新、炭素繊維シート巻付けに
よる柱の応急的な耐震補強などが
「応急的な修繕工事」に該当する。
また、「応急的な修繕工事の実施
等」の「等」としては、被災箇所を
踏まえた共用部分の使用方法の決定
等が該当する。
　なお、理事会の開催も困難な場合
の考え方については、第21条関係⑪
を参照のこと。
②　第2項は、応急的な修繕工事の実施
　に伴い必要となる資金の借入れ及び修
　繕積立金の取崩しについて、第48条の
　規定によれば総会の決議事項であると
　ころ、第1項第12号の決議に基づき実
　施する場合には、理事会で決議するこ
　とができるとするものである。
③　①のほかにも、共用部分の軽微な変
　更及び狭義の管理行為については、大
　規模マンションなど、それぞれのマン
　ションの実態に応じて、機動的な組合
　運営を行う観点から、これらのうち特
　定の事項について、理事会の決議事項
　として規約に定めることも可能であ
　る。その場合には、理事の行為が自己
　契約、双方代理など組合員全体の利益
　に反することとならないよう監事によ
　る監視機能の強化を図るなどの取組
　み、理事会活動の事前・事後の組合員
　に対する透明性の確保等について配慮
　することが必要である。

（収支予算の作成及び変更） 第58条　理事長は、毎会計年度の収支予算案を通常総会に提出し、その承認を得なければならない。	【コメント】第58条関係 ①　通常総会は、第42条第3項で新会計年度開始以後2か月以内に招集することとしているため、新会計年度開始

2 収支予算を変更しようとするとき
は、理事長は、その案を臨時総会に提
出し、その承認を得なければならな
い。
3 理事長は、第56条に定める会計年度
の開始後、第1項に定める承認を得る
までの間に、以下の各号に掲げる経費
の支出が必要となった場合には、理事
会の承認を得てその支出を行うことが
できる。
一 第27条に定める通常の管理に要す
る経費のうち、経常的であり、か
つ、第1項の承認を得る前に支出す
ることがやむを得ないと認められる
もの
二 総会の承認を得て実施している長
期の施工期間を要する工事に係る経
費であって、第1項の承認を得る前
に支出することがやむを得ないと認
められるもの
4 前項の規定に基づき行った支出は、
第1項の規定により収支予算案の承認
を得たときは、当該収支予算案による
支出とみなす。
5 理事会が第54条第1項第12号の決議
をした場合には、理事長は、同条第2
項の決議に基づき、その支出を行うこ
とができる。
6 理事長は、第21条第6項の規定に基
づき、敷地及び共用部分等の保存行為
を行う場合には、そのために必要な支
出を行うことができる。

後、予算案の承認を得るまでに一定の
期間を要することが通常である。第3
項及び第4項の規定は、このような期
間において支出することがやむを得な
い経費についての取扱いを明確化する
ことにより、迅速かつ機動的な業務の
執行を確保するものである。なお、第
4項の規定については、公益法人にお
ける実務運用を参考として、手続の簡
素化・合理化を図ったものである。
② 第3項第1号に定める経費とは、第
27条各号に定める経費のうち、経常的
であり、かつ、第1項の承認を得る前
に支出することがやむを得ないと認め
られるものであることから、前年の会
計年度における同経費の支出額のおよ
その範囲内であることが必要である。
③ 第3項第2号に定める経費とは、総
会の承認を得て実施している工事で
あって、その工事の性質上、施工期間
が長期となり、二つの会計年度を跨っ
てしまうことがやむを得ないものであ
り、総会の承認を得た会計年度と異な
る会計年度の予算として支出する必要
があるものであって、かつ、第1項の
承認を得る前に支出することがやむを
得ないと認められるものであることが
必要である。
④ 第5項は、第54条第2項の決議に基
づき、理事長が支出を行うことができ
ることについて定めるものである。
⑤ 第6項は、第21条第6項の規定に基
づき、災害等の緊急時において敷地及
び共用部分等の保存行為を行う場合
に、理事長が支出を行うことができる
ことについて定めるものである。

（管理費等の徴収）
第60条 管理組合は、第25条に定める管
理費等及び第29条に定める使用料につ
いて、組合員が各自開設する預金口座
から口座振替の方法により第62条に定
める口座に受け入れることとし、当月

【コメント】第60条関係
① 管理費等に関し、組合員が各自開設
する預金口座から管理組合の口座に受
け入れる旨を規定する第1項の規定
は、マンションの管理の適正化の推進
に関する法律施行規則（平成13年国土

193

分は別に定める徴収日までに一括して徴収する。ただし、臨時に要する費用として特別に徴収する場合には、別に定めるところによる。

2　組合員が前項の期日までに納入すべき金額を納入しない場合には、管理組合は、その未払金額について、年利〇％の遅延損害金と、違約金としての弁護士費用等並びに督促及び徴収の諸費用を加算して、その組合員に対して請求することができる。

3　管理組合は、納入すべき金額を納入しない組合員に対し、督促を行うなど、必要な措置を講ずるものとする。

4　理事長は、未納の管理費等及び使用料の請求に関して、理事会の決議により、管理組合を代表して、訴訟その他法的措置を追行することができる。

5　収納金が全ての債務を消滅させるのに足りないときは、管理組合は、理事会の決議により定める弁済の充当の順序に従い、その弁済を充当することができる。

6　第2項に基づき請求した遅延損害金、弁護士費用等並びに督促及び徴収の諸費用に相当する収納金は、第27条に定める費用に充当する。

7　組合員は、納入した管理費等及び使用料について、その返還請求又は分割請求をすることができない。

交通省令第110号。以下「適正化法施行規則」という。）第87条第2項第1号イの方法（収納口座の名義人を管理組合又は管理者とする場合に限る。）又は同号ハの方法を前提とした規定であり、これ以外の方法をとる場合には、その実状にあった規定とする必要がある。その際、管理費等の管理をマンション管理業者に委託する場合には、適正化法施行規則第87条第2項に定める方法に則した管理方法とする必要がある。

②　徴収日を別に定めることとしているのは、管理業者や口座（金融機関）の変更等に伴う納入期日の変更に円滑に対応できるようにするためである。

③　管理費等の確実な徴収は、管理組合がマンションの適正な管理を行う上での根幹的な事項である。管理費等の滞納は、管理組合の会計に悪影響を及ぼすのはもちろんのこと、他の区分所有者への負担転嫁等の弊害もあることから、滞納された管理費等の回収は極めて重要であり、管理費等の滞納者に対する必要な措置を講じることは、管理組合（理事長）の最も重要な職務の一つであるといえる。管理組合が滞納者に対してとり得る各種の措置について段階的にまとめたフローチャート及びその解説を別添3（省略）に掲げたので、実務の参考とされたい。

④　滞納管理費等に係る遅延損害金の利率の水準については、管理費等は、マンションの日々の維持管理のために必要不可欠なものであり、その滞納はマンションの資産価値や居住環境に影響し得ること、管理組合による滞納管理費等の回収は、専門的な知識・ノウハウを有し大数の法則が働く金融機関等の事業者による債権回収とは違い、手間や時間コストなどの回収コストが膨大となり得ること等から、利息制限法や消費者契約法等における遅延損害金

【資料3】

	利率よりも高く設定することも考えられる。
	⑤　督促及び徴収に要する費用とは、次のような費用である。
	ｱ)　配達証明付内容証明郵便による督促は、郵便代の実費及び事務手数料
	ｲ)　支払督促申立その他の法的措置については、それに伴う印紙代、予納切手代、その他の実費
	ｳ)　その他督促及び徴収に要した費用
	⑥　第２項では、遅延損害金と、違約金としての弁護士費用等並びに督促及び徴収の諸費用を加算して、その組合員に対して請求することが「できる」と規定しているが、これらについては、請求しないことについて合理的事情がある場合を除き、請求すべきものと考えられる。なお、違約金としての弁護士費用等には、司法書士費用が含まれる。
（預金口座の開設） **第62条**　管理組合は、会計業務を遂行するため、管理組合の預金口座を開設するものとする。	**【コメント】第62条関係** 　預金口座に係る印鑑等の保管に当たっては、施錠の可能な場所（金庫等）に保管し、印鑑の保管と鍵の保管を理事長と副理事長に分けるなど、適切な取扱い方法を検討し、その取扱いについて総会の承認を得て細則等に定めておくことが望ましい。
〔※管理組合における電磁的方法の利用状況に応じて、次のように規定〕 ｱ)　電磁的方法が利用可能ではない場合 **（帳票類等の作成、保管）** **第64条**　理事長は、会計帳簿、什器備品台帳その他の帳票類を作成して保管し、組合員又は利害関係人の理由を付した書面による請求があったときは、これらを閲覧させなければならない。この場合において、閲覧につき、相当の日時、場所等を指定することができる。 2　理事長は、第32条第３号の長期修繕計画書、同条第５号の設計図書及び同	**【コメント】第64条関係** ①　第１項から第３項までにおける「利害関係人」については、コメント第49条関係①を参照のこと。 ②　作成、保管すべき帳票類としては、第64条第１項に規定するものの他、領収書や請求書、管理委託契約書、修繕工事請負契約書、駐車場使用契約書、保険証券などがある。 ③　第２項は、第32条で管理組合の業務として掲げられている各種閲覧に関する業務を理事長が行うことを明確にしたものである。なお、理事長は、理事長の責めに帰すべき事由により第１項の

195

条第6号の修繕等の履歴情報を保管
し、組合員又は利害関係人の理由を付
した書面による請求があったときは、
これらを閲覧させなければならない。
この場合において、閲覧につき、相当
の日時、場所等を指定することができ
る。

3 理事長は、第49条第3項（第53条第
4項において準用される場合を含
む。）、第49条の2（第53条第5項にお
いて準用される場合を含む。）、本条第
1項及び第2項並びに第72条第2項及
び第4項の規定により閲覧の対象とさ
れる管理組合の財務・管理に関する情
報については、組合員又は利害関係人
の理由を付した書面による請求に基づ
き、当該請求をした者が求める情報を
記入した書面を交付することができ
る。この場合において、理事長は、交
付の相手方にその費用を負担させるこ
とができる。

(イ) 電磁的方法が利用可能な場合

（帳票類等の作成、保管）

第64条 理事長は、会計帳簿、什器備品
台帳その他の帳票類を、書面又は電磁
的記録により作成して保管し、組合員
又は利害関係人の理由を付した書面又
は電磁的方法による請求があったとき
は、これらを閲覧させなければならな
い。この場合において、閲覧につき、
相当の日時、場所等を指定することが
できる。

2 理事長は、第32条第3号の長期修繕
計画書、同条第5号の設計図書及び同
条第6号の修繕等の履歴情報を、書面
又は電磁的記録により保管し、組合員
又は利害関係人の理由を付した書面又
は電磁的方法による請求があったとき
は、これらを閲覧させなければならな
い。この場合において、閲覧につき、
相当の日時、場所等を指定することが
できる。

3 理事長は、第49条第5項（第53条第

帳票類又は第2項に掲げる書類が適切
に保管されなかったため、当該帳票類
又は書類を再作成することを要した場
合には、その費用を負担する等の責任
を負うものである。

④ 第3項は、組合員又は利害関係人
が、管理組合に対し、第49条第3項
（第53条第4項において準用される場
合を含む。）、第49条の2（第53条第5
項において準用される場合を含む。）、
本条第1項、第2項並びに第72条第2
項及び第4項の閲覧ではなく、管理組
合の財務・管理に関する情報のうち、
自らが必要とする特定の情報のみを記
入した書面の交付を求めることが行わ
れている実態を踏まえ、これに対応す
る規定を定めるものである。書面交付
の対象とする情報としては、大規模修
繕工事等の実施状況、今後の実施予
定、その裏付けとなる修繕積立金の積
立ての状況（マンション全体の滞納の
状況も含む）や、ペットの飼育制限、
楽器使用制限、駐車場や駐輪場の空き
状況等が考えられるが、その範囲につ
いては、交付の相手方に求める費用等
とあわせ、細則で定めておくことが望
ましい。別添4は、住戸の売却予定者
（組合員）から依頼を受けた宅地建物
取引業者が当面必要とすると考えられ
る情報を提供するための様式の一例に
記載のある主な情報項目であり、上述
の細則を定める場合の参考とされた
い。

⑤ 第3項に規定する管理組合の財務・
管理に関する情報については、これら
の情報が外部に開示されることによ
り、優良な管理が行われているマン
ションほど市場での評価が高まること
や、こうした評価を通じて管理の適正
化が促されることが想定されることか
ら、書面交付の対象者に住戸の購入予
定者を含めて規定することも考えられ
る。一方で、開示には防犯上の懸念等

4項において準用される場合を含
む。）、第49条の2第1項（第53条第5
項において準用される場合を含む。）、
本条第1項及び第2項並びに第72条第
2項及び第4項の規定により閲覧の対
象とされる管理組合の財務・管理に関
する情報については、組合員又は利害
関係人の理由を付した書面又は電磁的
方法による請求に基づき、当該請求を
した者が求める情報を記入した書面を
交付し、又は当該書面に記載すべき事
項を電磁的方法により提供することが
できる。この場合において、理事長
は、交付の相手方にその費用を負担さ
せることができる。
4　電磁的記録により作成された書類等
の閲覧については、第49条第5項に定
める議事録の閲覧及び提供に関する規
定を準用する。

［※管理組合における電磁的方法の利用
状況に応じて、次のように規定］

(ｱ) 電磁的方法が利用可能ではない場合
（組合員名簿等の作成、保管）
第64条の2　理事長は、組合員名簿及び
居住者名簿（以下「組合員名簿等」と
いう。）を作成して保管し、組合員の
相当の理由を付した書面による請求が
あったときは、これらを閲覧させなけ
ればならない。この場合において、閲
覧につき、相当の日時、場所等を指定
することができる。
2　理事長は、前項の規定により閲覧の
対象とされる組合員名簿等に関する情
報については、組合員の相当の理由を
付した書面による請求に基づき、当該
請求をした者が求める情報を記入した
書面を交付することができる。この場
合において、理事長は、交付の相手方

もあることから、各マンションの個別
の事情を踏まえて検討することが必要
である。
⑥　別添4の4(4)については、当該マン
ション内で行われる共用部分の点検・
検査等の全て（日常的に行っている目
視による点検の実施年月は除く。）を
含めることが望ましい。
⑦　別添4の6(3)の「変更予定有」と
は、値上げ等が総会で承認されている
場合又は総会に上程されることが決定
している場合をいう。
⑧　別添4の6(4)②の積立方式は、次の
方式である。
　ｱ)　均等積立方式　長期修繕計画の期
　　間中の積立金の額が均等となるよう
　　に設定する方式
　ｲ)　段階増額積立方式　当初の積立額
　　を抑え、段階的に増額する方式
⑨　別添4の8③及び⑤の改良工事は、
耐震改修工事、バリアフリー化工事、
省エネルギー化工事その他建物及び設
備の性能向上に資する工事をいう。

【コメント】第64条の2関係
①　組合員名簿のほか、設備点検等のた
めに専有部分への立入り等を行う際の
連絡先を把握するために、賃借人を含
む現にマンションに居住している者の
氏名や連絡先等を記載した居住者名簿
を作成、保管することも定めている。
　また、居住者名簿の作成に当たって
は、災害時における避難の支援や安否
の確認等の円滑化の観点から、高齢
者、障害者、乳幼児など災害時に自ら
避難することが困難な者を事前に把握
しておくことが望ましい。
②　組合員名簿等の閲覧等に際しては、
組合員等のプライバシーに留意する必
要がある。名簿に記載されている内容
のうち、閲覧等の請求の理由に照らし
て不要と思われる項目については、開
示しないことも可能である。

197

にその費用を負担させることができる。

3 理事長は、第19条第3項又は第31条の届出があった場合に、遅滞なく組合員名簿等を更新しなければならない。

4 理事長は、毎年1回以上、組合員名簿等の内容の確認をしなければならない。

〔(イ) 電磁的方法が利用可能な場合〕

（組合員名簿等の作成、保管）

第64条の2 理事長は、組合員名簿及び居住者名簿（以下「組合員名簿等」という。）を、書面又は電磁的記録により作成して保管し、組合員の相当の理由を付した書面又は電磁的方法による請求があったときは、これらを閲覧させなければならない。この場合において、閲覧につき、相当の日時、場所等を指定することができる。

2 理事長は、前項の規定により閲覧の対象とされる組合員名簿等に関する情報については、組合員の相当の理由を付した書面又は電磁的方法による請求に基づき、当該請求をした者が求める情報を記入した書面を交付し、又は当該書面に記載すべき事項を電磁的方法により提供することができる。この場合において、理事長は、交付の相手方にその費用を負担させることができる。

3 電磁的記録により作成された組合員名簿等の閲覧については、第49条第5項に定める議事録の閲覧及び提供に関する規定を準用する。

4 理事長は、第19条第3項又は第31条の届出があった場合に、遅滞なく組合員名簿等を更新しなければならない。

5 理事長は、毎年1回以上、組合員名簿等の内容の確認をしなければならない。

③ 組合員名簿等の閲覧等の請求をすることができる者を組合員に限定しているが、組合員以外の者から閲覧請求をされることを想定し、地域や各マンションの実態に応じて閲覧等を請求できる者の範囲を定めることも可能である。

④ 管理組合が個人情報取扱事業者に該当する場合は、個人情報の保護に関する法律（平成15年法律第57号。以下「個人情報保護法」という。）第4章の規定に基づき個人情報を取り扱う必要がある。

管理組合が名簿を作成するために組合員等の個人情報を取り扱うに当たっては、利用目的をできる限り特定しなければならず、また、個人情報を取得した場合は、あらかじめ利用目的を公表している場合等を除き、速やかに、利用目的を、本人に通知し、又は公表しなければならない。さらに、本人から直接書面により個人情報を取得する場合は、利用目的を明示しなければならないため、第19条第3項や第31条の届出の様式において、利用目的を記載しておくことが考えられる。

加えて、①の災害時に自ら避難することが困難な者の情報は、個人情報保護法における要配慮個人情報に該当する場合があり、要配慮個人情報を取得する場合は、原則として、あらかじめ本人の同意を得ることが必要である。

このほか、個人情報保護法については、「個人情報取扱事業者等に係るガイドライン・Q&A等」（個人情報保護委員会公表）を参照されたい。

⑤ 第4項では、第19条第3項又は第31条の届出に基づいて組合員名簿等の更新を行っていない場合でも、年に1回以上、名簿の内容に変更すべき箇所がないかなどを確認することを定めている。

【資料３】

	確認の方法としては、届出事項や名簿記載内容等に変更が発生した場合は第19条第３項又は第31条の届出を提出しなければならないことを総会やマンション内の掲示板において周知することや、名簿記載内容に変更が発生したことを理事長が把握した場合に第19条第３項又は第31条の届出の提出を求めること等により、名簿記載内容が最新の情報となっているかを確認すること等が考えられる。
（区分所有者の所在等の探索） **第67条の２** 区分所有者が第31条の規定に違反し必要な届出を行わないことにより、敷地及び共用部分等の管理に支障を及ぼし、又は及ぼすおそれがある場合には、理事長は、理事会の決議を経て、区分所有者の所在等を探索することができる。 ２ 前項の場合において、理事長は、探索に要した費用について、違約金としての弁護士費用等を加算して、当該区分所有者に請求することができる。 ３ 前項に定める費用の請求については、第60条第４項の規定を準用する。 ４ 第２項に基づき請求した弁護士費用等及び探索に要した費用に相当する収納金は、第27条に定める費用に充当する。	**【コメント】第67条の２関係** ① 第１項の敷地及び共用部分等の管理に支障を及ぼす場合とは、管理費等の請求先が不明である場合、総会の成立や決議が困難となる場合、専有部分の管理不全が放置されたことにより共用部分等へ悪影響を与え、住環境の悪化を招いたケースにおいて当該専有部分の区分所有者に対して必要な措置をとることができない場合等が想定される。 ② 探索に要した費用とは、次のような費用である。 　ｱ) 登記事項証明書や住民票の写し等の交付申請費用及び郵便代等の実費 　ｲ) その他探索に要した費用 ③ 管理費等の未払金額の請求に当たり、区分所有者の所在等を探索した場合は、その探索に要した費用を、第60条第２項の規定に基づく徴収の諸費用として請求することも可能である。
〔※管理組合における電磁的方法の利用状況に応じて、次のように規定〕 ｱ) 電磁的方法が利用可能ではない場合 **（規約原本等）** **第72条** この規約を証するため、区分所有者全員が署名した規約を１通作成し、これを規約原本とする。 ２ 規約原本は、理事長が保管し、区分所有者又は利害関係人の書面による請求があったときは、規約原本の閲覧を	**【コメント】第72条関係** ① 区分所有者全員が署名した規約がない場合には、分譲時の規約案及び分譲時の区分所有者全員の規約案に対する同意を証する書面又は初めて規約を設定した際の総会の議事録が、規約原本の機能を果たすこととなる。 ② 第３項で定める書面については、次のような作成方法が考えられる。 　ｱ) 規約原本とは別に、変更内容を反

199

させなければならない。

3 規約が規約原本の内容から総会決議により変更されているときは、理事長は、1通の書面に、現に有効な規約の内容と、その内容が規約原本及び規約変更を決議した総会の議事録の内容と相違ないことを記載し、署名した上で、この書面を保管する。

4 区分所有者又は利害関係人の書面による請求があったときは、理事長は、規約原本、規約変更を決議した総会の議事録及び現に有効な規約の内容を記載した書面（以下「規約原本等」という。）並びに現に有効な第18条に基づく使用細則及び第70条に基づく細則その他の細則の内容を記載した書面（以下「細則内容書面」という。）の閲覧をさせなければならない。

5 第2項及び前項の場合において、理事長は、閲覧につき、相当の日時、場所等を指定することができる。

6 理事長は、所定の掲示場所に、規約原本等及び細則内容書面の保管場所を掲示しなければならない。

⎡(イ) 電磁的方法が利用可能な場合⎤

（規約原本等）

第72条 この規約を証するため、区分所有者全員が書面に署名又は電磁的記録に電子署名した規約を1通作成し、これを規約原本とする。

2 規約原本は、理事長が保管し、区分所有者又は利害関係人の書面又は電磁的方法による請求があったときは、規約原本の閲覧をさせなければならない。

3 規約が規約原本の内容から総会決議により変更されているときは、理事長は、1通の書面又は電磁的記録に、現に有効な規約の内容と、その内容が規約原本及び規約変更を決議した総会の議事録の内容と相違ないことを記載又は記録し、署名又は電子署名した上

映した冊子を作成し、理事長が署名する方法

イ) 規約原本に、変更内容及び理事長の署名を記載した書面を添付する方法

なお、現在有効な規約内容の一覧性の確保や閲覧をする際の利便性を考慮して、ア)の方法により作成することが望ましい。

③ 第4項では、第18条に基づく使用細則及び第70条に基づく細則その他の細則についても、規約原本と同じ手続で閲覧等を認めることを明確に定めた。

で、この書面又は電磁的記録を保管する。

4 区分所有者又は利害関係人の書面又は電磁的方法による請求があったときは、理事長は、規約原本、規約変更を決議した総会の議事録及び現に有効な規約の内容を記載した書面又は記録した電磁的記録（以下「規約原本等」という。）並びに現に有効な第18条に基づく使用細則及び第70条に基づく細則その他の細則の内容を記載した書面又は記録した電磁的記録（以下「細則内容書面」という。）の閲覧をさせなければならない。

5 第2項及び前項の場合において、理事長は、閲覧につき、相当の日時、場所等を指定することができる。

6 理事長は、所定の掲示場所に、規約原本等及び細則内容書面の保管場所を掲示しなければならない。

7 電磁的記録により作成された規約原本等及び細則内容書面の閲覧については、第49条第5項に定める議事録の閲覧及び提供に関する規定を準用する。

別添1

外部専門家の活用のパターン

① 理事・監事外部専門家型又は理事長外部専門家型

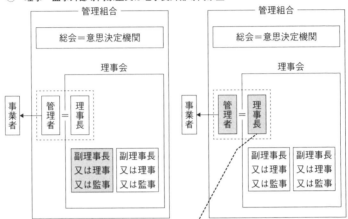

【考え方】
・従来どおり理事会を設け、理事会役員に外部専門家を選任するパターン。
・外部専門家が理事長（＝管理者）となることも想定される。
・外部専門家を含む役員の選任を含め、最終的な意思決定機関は総会であり、その役割は重要。

【想定されるケース（マンションの特性）】
・運営面の不全の改善
・計画的な大規模修繕等の適切な実施、耐震改修・建替え等の耐震対策等専門的知見が必要な場合を想定

※限定的な専門性が求められるケースも多くある。

【論点・課題と標準管理規約における規定等の整備】
・外部役員の選任・解任
 →第35条第2項・第4項、コメント第35条関係①⑤
・役員の欠格要件
 →第36条の2、コメント第36条の2関係
・外部役員の業務執行のチェック体制の構築（理事会によるチェックの補完）
 →理事会の権限として理事の職務執行の監督等の位置付け（第51条第2項、コメント第51条関係）
 →理事長の職務執行の状況の理事会への定期報告義務（第38条第4項、コメント第38条関係②）
 →理事による理事会の招集請求・招集（第52条第3項、コメント第52条関係）

【資料3】

→監事の理事等に対する調査権（第41条第2項、コメント第41条関係①）
→組合に著しい損害を及ぼすおそれのある事実の理事から監事への報告義務（第40条第2項、コメント第40条関係）
→監事による理事会の招集請求・招集（第41条第6・7項、コメント第41条関係③）
→監事の理事会への出席・意見陳述義務（第41条第4項、コメント第41条関係②）
→監事による理事会への理事の不正行為等の報告義務（第41条第5項、コメント第41条関係③）
→監事による総会提出議案の調査・報告義務（コメント第41条関係①）
・役員の取引の健全性の確保（利益相反取引の排除等）
→利益相反取引となる事実の開示と理事会からの承認（第37条の2、コメント第37条の2関係）
→利害関係のある議決への当該理事の不参加（第53条第3項）
→監事等による管理組合の代表代行（第38条第6項、コメント第38条関係③）
・多額の金銭事故や財産毀損の防止、補償の担保と補償能力の充実
→コメント第37条関係①
・派遣された役員が欠けた場合の補欠ルールの明確化（継続性の確保）
→コメント第36条関係④

【参考】 ①の全パターン

注：塗りつぶしが外部の専門家

※旧標準管理規約

【資料３】

② **外部管理者・理事会監督型**

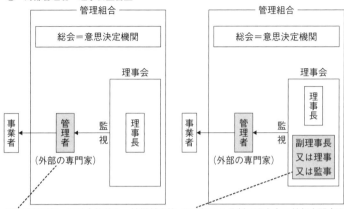

※管理費回収、反社会的勢力、被災対応等　※監視する役割の理事会に外部専門家を
　の特定問題も併せて担当することも可能　　入れることも可能

【考え方】
・外部専門家を区分所有法上の管理者として選任し、理事会は監事的立場となり外部管理者を監視するパターン。
・監視する立場の理事会の役員に、さらに別の外部専門家を選任することも考えられる。
・外部管理者の選任を含め、最終的な意思決定機関は総会であり、その役割は重要。

【想定されるケース（マンションの特性）】
・高い専門性と透明性、区分所有者の利益の保護や最大化のニーズの高いマンション（大規模な新築マンションなどを中心に想定）

※総会は意思決定機関、管理者は知見豊富な執行者、理事会は監視機関、と分担や責任の明確化が期待できる。
※さらに、専門性が高く、時間的な拘束が強く心理的な負担も大きい管理費回収訴訟、反社会的勢力、被災対応等の特定問題も担当することも想定。

【論点・課題】
・外部管理者＝区分所有法上の管理者とする
・外部管理者の選任・解任
・外部管理者の欠格要件〔外部・内部共通〕
・外部管理者のチェック体制の充実（理事会によるチェックの補完）
・外部管理者の取引の健全性の確保（利益相反取引の排除等）〔外部・内部共通〕
・多額の金銭事故、財産毀損の防止〔外部・内部共通〕
・補償の担保と補償能力の充実〔外部・内部共通〕
・専門家の属性
・専門家の能力評価・育成方法
〈個人の専門家が管理者に就任する場合に以下を追加〉

205

・外部管理者の補欠ルールの明確化（継続性の確保）

【規約の整備等の考え方】

① 理事長＝区分所有法上の管理者とする規定の撤廃。理事長の業務・権限と管理者の業務・権限の整理。

② 外部管理者の選任・解任を総会決議とする旨規定。

③ 外部管理者及び役員の欠格要件として、銀行との取引停止、破産（者）等、資格・登録の取消し処分からの一定期間内等を規定。

④ 派遣元団体等による報告徴収や監査（適任者への交替も含む）又は外部監査（別の専門家の一時派遣等）の義務付けについて規定することも考えられる。

⑤ 管理組合と外部管理者の利益が相反する取引の理事会への報告・承認。

⑥ 管理者の誠実義務として、財産の毀損の防止及びそのために必要な措置（保険加入、保険限度額の充実、財産的基礎の充実等）に努めるべき旨を規定。

⑦ 一定期間の継続意思の確認について規定することも考えられる（新規参入を妨げないよう、意思の確認とする）。

⑧ 引継者を予め定めることができる旨を規定（欠けた時点での適任者の選任も可とする）。

【資料３】

③ 外部管理者・総会監督型

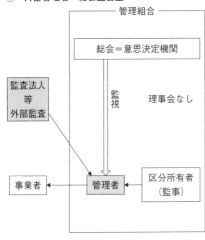

【考え方】
・外部専門家を区分所有法上の管理者として選任し、理事会は設けないパターン。
・区分所有者からは監事を選任して監視するとともに、全区分所有者で構成する総会が監視するものであり、総会の役割は重要。
・さらに、監査法人等の外部監査を義務付ける。

【想定されるケース（マンションの特性）】
・高い専門性と透明性、区分所有者の利益の保護や最大化のニーズが高いが、規模の小さいマンション

・理事長のなり手がいない例外的なケース
※支援的性格が強いケース

【論点・課題】
・外部管理者＝区分所有法上の管理者とする
・理事会（理事）の廃止
・外部管理者の選任・解任
・外部管理者の欠格要件〔外部・内部共通〕
・外部管理者のチェック体制の構築（理事会に代わる監査機能の確保）
・外部管理者の取引の健全性の確保（利益相反取引の排除等）〔外部・内部共通〕
・多額の金銭事故、財産毀損の防止〔外部・内部共通〕
・補償の担保と補償能力の充実〔外部・内部共通〕
・専門家の属性
・専門家の能力・育成方法
・資力のない管理不全マンションへの対策
〈個人の専門家が管理者に就任する場合に以下を追加〉
・外部管理者の補欠ルールの明確化（継続性の確保）

【規約の整備等の考え方】
① 理事長＝区分所有法上の管理者とする規定の撤廃。理事長・理事会に係る業務・権限を管理者の業務・権限に移行。
② 外部管理者の選任・解任を総会決議とする旨規定。
③ 外部管理者の欠格要件として、銀行との取引停止、破産（者）等、資格・登録の取消し処分等からの一定期間内を規定。
④ 派遣元団体等による報告徴収や監査（適任者への交替も含む）又は外部監査（別の専門家の一時派遣等）の義務付けについて規定することも考えられる。
⑤ 管理組合と外部管理者の利益が相反する取引の監事、総会への報告・承認。

⑥　管理者の誠実義務として、財産の毀損の防止及びそのために必要な措置（保険加入、保険限度額の充実、財産的基礎の充実等）に努めるべき旨を規定。

⑦　一定期間の継続意思の確認について規定することも考えられる（新規参入を妨げないよう、意思の確認とする）。

⑧　引継者を予め定めることができる旨を規定（欠けた時点での適任者の選任も可とする）。

⑨　環境整備として、自治体の公益法人・自治体委託NPOからの低廉な専門家派遣の推進。

【資料3】

別添4

管理情報提供様式に記載のある項目例

1 マンション名称等
　① 物件名称
　② 総戸数
　③ 物件所在地
　④ 対象住戸の住戸番号
2 管理計画認定の有無、認定取得日
3 管理体制関係
　① 管理組合名称
　② 管理組合役員数（理事総数及び監事総数）
　③ 管理組合役員の選任方法（立候補、輪番制、その他の別）
　④ 通常総会の開催月と決算月
　⑤ 理事会の年間の開催回数
　⑥ 管理規約原本の発効年月と変更年月
　⑦ 共用部分に付保している損害保険の種類
　　（火災保険（マンション総合保険）、地震保険など）
　⑧ 使用細則等の規程の名称
　　（駐車場使用細則、自転車置場使用細則、ペット飼育細則、リフォーム細則
　　など）
4 共用部分関係
（1）基本事項
　① 建築年次（竣工年月）
　② 共用部分に関する規約等の定め
　　・共用部分の範囲（規定している規約条項、別表名）
　　・共用部分の持分（規定している規約条項、別表名）
　③ 専用使用に関する規約等の定め（規定している規約条項、使用細則条項、
　　別表名）
（2-1）駐車場
　① 駐車場区画数
　　・敷地内台数（内訳：平面自走式台数、機械式台数）
　　・敷地外台数（内訳：平面自走式台数、立体自走式台数、機械式台数）
　② 駐車場使用資格（賃借人の使用可否、規定している規約条項、使用細則条
　　項）
　③ 駐車場権利承継可否（駐車場使用の権利が専有部分と一体として継承する
　　ことの可否）
　④ 車種制限（規定している規約条項、使用細則条項、別表名）
　⑤ 空き区画の有無
　⑥ 空き区画の待機者数
　⑦ 空き区画補充方法（抽選、先着順、その他の別）
　⑧ 駐車場使用料

209

（2－2）電気自動車等用充電設備付き駐車場
　①　充電設備付き駐車場区画数及び出力電力
　　・敷地内台数（内訳：平面自走式台数、機械式台数、出力電力別台数)
　　・敷地外台数（内訳：平面自走式台数、立体自走式台数、機械式台数、出力
　　　電力別台数)
　②　充電設備付き駐車場使用資格（賃借人の使用可否、規定している規約条
　　　項、使用細則条項）
　③　車種制限（規定している規約条項、使用細則条項、別表名)
　④　空き区画の有無
　⑤　空き区画待機者数
　⑥　空き区画補充方法（抽選、先着順、その他の別）
　⑦　充電設備付き駐車場の使用料及び充電設備の使用料
（3）自転車置場・バイク置き場・ミニバイク置場
　①　区画数（自転車置場、バイク置場、ミニバイク置場毎）
　②　空き区画の有無（自転車置場、バイク置場、ミニバイク置場毎）
　③　使用料の有無とその使用料（自転車置場、バイク置場、ミニバイク置場
　　　毎）
（4）共用部分の点検・検査・調査
　①　共用部分の点検・検査・調査の実施の有無（有（　　年　　月）、無）
　②　共用部分の点検・検査・調査の実施者
　③　共用部分の点検・検査・調査の実施結果に基づく是正の有無（有、無、検
　　　討中の別）
5　売主たる組合員が負担する管理費等関係（①～⑰の項目毎に金額を記載（滞納
　がある場合は滞納額も併せて記載））
　①　管理費
　②　修繕積立金
　③　修繕一時金
　④　駐車場使用料
　⑤　充電設備付き駐車場の使用料及び充電設備の使用料
　⑥　自転車置場使用料
　⑦　バイク置場使用料
　⑧　ミニバイク置場使用料
　⑨　専用庭使用料
　⑩　ルーフバルコニー使用料
　⑪　トランクルーム使用料
　⑫　組合費
　⑬　戸別水道使用料・冷暖房料・給湯料
　⑭　その他
　⑮　遅延損害金の有無とその額
　⑯　管理費等の支払方法（翌月分（又は当月分）を当月○○日に支払い）
　⑰　管理費等支払手続き（口座振替（○○銀行○○支店）、自動送金（○○銀
　　　行○○支店）、振込、集金代行会社委託の別）
6　管理組合収支関係

【資料３】

（１）収支及び予算の状況（①〜⑩の項目について直近の収支報告（確定額）を記載し、①〜③及び⑥〜⑧については当年度の収支予算（予算額）も併せて記載）
　　① 管理費会計収入総額
　　② 管理費会計支出総額
　　③ 管理費会計繰越額
　　④ 管理費会計資産総額
　　⑤ 管理費会計負債総額
　　⑥ 修繕積立金会計収入総額
　　⑦ 修繕積立金会計支出総額
　　⑧ 修繕積立金会計繰越額
　　⑨ 修繕積立金会計資産総額
　　⑩ 修繕積立金会計負債総額
（２）管理費等滞納及び借入の状況
　　① 管理費滞納額
　　② 修繕積立金滞納額
　　③ 借入金残高
（３）管理費等の変更予定等（①〜⑭について変更予定有（　　年　　月から・変更予定額）、変更予定無、検討中の別を記載し、②については長期修繕計画（総会で決議されたもの）上の変更予定時期及び変更予定額を記載）
　　① 管理費
　　② 修繕積立金
　　③ 修繕一時金
　　④ 駐車場使用料
　　⑤ 充電設備付き駐車場の使用料及び充電設備の使用料
　　⑥ 自転車置場使用料
　　⑦ バイク置場使用料
　　⑧ ミニバイク置場使用料
　　⑨ 専用庭使用料
　　⑩ ルーフバルコニー使用料
　　⑪ トランクルーム使用料
　　⑫ 組合費
　　⑬ 戸別水道使用料・冷暖房・給湯料
　　⑭ その他
（４）修繕積立金に関する事項
　　① 修繕積立金に関して規定している規約等の条項、別表名
　　② 修繕積立金の積立方式（均等積立方式、段階増額積立方式の別）
（５）特定の組合員に対する管理費等の減免措置の有無（規定している規約条項、別表名）
7　専有部分使用規制関係
　　① 専有部分用途の「住宅専用（住宅宿泊事業は可）」、「住宅専用（住宅宿泊事業は不可）」、「住宅以外も可」の別（規定している規約条項）
　　② 専有部分使用規制関係
　　　・ペットの飼育制限の有無（規定している使用細則条項）

211

・専有部分内工事の制限の有無（規定している使用細則条項）

・楽器等音に関する制限の有無（規定している使用細則条項）

・一括受電方式による住戸別契約制限の有無

③ 専有部分使用規制の制定・変更予定の有無

8 計画修繕・改良関係

① 長期修繕計画の有無（有（　　　年　　　月作成（見直し））、無、検討中の別）

※有の場合は総会で決議された長期修繕計画を添付

② 共用部分等の修繕工事の実施状況（工事概要、実施時期（　　　年　　　月））

③ 共用部分等の改良工事の実施状況（工事概要、実施時期（　　　年　　　月））

④ 共用部分等の修繕工事の実施予定の有無（有（　　　年　　　月予定、工事概要）、無、検討中の別）

⑤ 共用部分等の改良工事の実施予定の有無（有（　　　年　　　月予定、工事概要）、無、検討中の別）

9 アスベスト使用調査の内容

① 調査結果の記録の有無

② 調査実施日

③ 調査機関名

④ 調査内容

⑤ 調査結果

10 耐震診断の内容

① 耐震診断の有無

② 耐震診断の内容

11 建替え等関係

① 建替え推進決議の有無（有（　　　年　　　月決議）、無、検討中の別）

② 要除却認定の有無（有（　　　年　　　月認定）、無、申請中（　　　年　　　月申請）、検討中の別）

③ 建替え決議、マンション敷地売却決議の有無（有（　　　年　　　月決議）、無、検討中の別）

12 管理形態

① マンション管理業者名

② 業登録番号

③ 主たる事務所の所在地

④ 委託（受託）形態（全部、一部の別）

13 管理事務所関係

① 管理員業務の有無（有（契約している業務内容）、無）

② 管理員業務の実施態様（通勤方式、住込方式、巡回方式の別及び従事する人数）

③ 管理員勤務日

④ 管理員勤務時間

⑤ 管理事務所の電話番号

⑥ 本物件担当事業所名

⑦ 本物件担当事業所電話番号

【資料3】

       ⑧　本物件担当者氏名
14　備考
      ○敷地及び共用部分における重大事故・事件があればその内容
      ○ゴミ出しや清掃に関する情報
      ○自治体や民間団体が行う認定・評価制度等による結果
      ○設計図書等保管場所

■ 著者略歴 ■

吉田 修平（よしだ しゅうへい）

早稲田大学法学部卒業。第一東京弁護士会所属。
定期借家権・終身借家権の立法に関与した。
外部活動として、マンションの新たな管理ルールに関する検討会委員
（国土交通省）、（公社）日本不動産学会（常務理事）、（一社）日本相
続学会（副会長）等、他多数。
著書に、『2016年改正 新しいマンション標準管理規約』（有斐閣・共
著）、『民法改正と不動産取引』（金融財政事情研究会）、『不動産相続
の法律相談』（青林書院・吉田修平法律事務所編）、『所有者不明土地
の法律実務』（プログレス）等がある。

KINZAIバリュー叢書L
マンションの「老い」

2025年1月17日 第1刷発行

著 者	吉	田 修	平
発行者	加	藤 一	浩

〒160-8519 東京都新宿区南元町19
　発　　行　　所　**一般社団法人 金融財政事情研究会**
　　　編 集 部　TEL 03(3355)1721　FAX 03(3355)3763
　　　販売受付　TEL 03(3358)2891　FAX 03(3358)0037
　　　URL https://www.kinzai.jp/

DTP・校正：株式会社友人社／印刷：三松堂株式会社

・本書の内容の一部あるいは全部を無断で複写・複製・転訳載すること、および
　磁気または光記録媒体、コンピュータネットワーク上等へ入力することは、法
　律で認められた場合を除き、著作者および出版社の権利の侵害となります。
・落丁・乱丁本はお取替えいたします。定価はカバーに表示してあります。

ISBN978-4-322-14492-5

創刊の辞

2011年3月、「KINZAI バリュー叢書」は創刊された。ワンテーマ・ワンブックスにこだわり、実務書より読みやすいが新書ほど軽くないをコンセプトに、現代をわかりやすく切り取り、かゆいところに手が届く、丁度いい「知識サイズ」に仕立てた。

ニュース解説に留まらず物事を「深掘り」した結果、バリュー叢書は好評を博し、間もなく第一作の「矜持あるひとびと」から数えて刊行100冊を迎える。読者諸氏のご愛顧の賜物である。

バリュー叢書に通底する理念は不易流行である。「金融」「経営」などのあらゆるジャンルに果敢に挑戦しながら、「不易」―変わらないもの―と「流行」―変わるもの―とをバランスよく世に問うことである。本叢書シリーズは決して色褪せない。それはすなわち、斯界の第一線実務家や研究者が現代を切り取り、コンパクトにまとめ、時代時代の先進的なテーマを鮮やかに一冊に落とし込んでいるからだ。次代に語り継ぐべき大切な「教養」や「斬新な視点」、「魅力溢れる人間力」が手本なき未来をさまようビジネスパーソンの羅針盤になっているものと確信している。

2022年12月、新たに「Legal」を加え、12年振りに「バリュー叢書L」を創刊する。不易流行は変わらずに、いま気になることがすぐにわかる内容となっている。第一線実務家や研究者はもとより、立案担当者や制度設計に携わったプロ達も執筆陣に迎えている。

新シリーズもまた、混迷の時代、先が見通せないと悩みながら「いま」を生き抜くビジネスパーソンの羅針盤であり続けたい。

加藤　一浩